华章图书

一本打开的书,一扇开启的门,
通向科学殿堂的阶梯,托起一流人才的基石。

www.hzbook.com

Six Lectures on
IT Innovation and Entrepreneurship

IT创新创业六讲

黄敏 刘孜文 ◎等编著

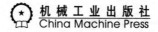

图书在版编目（CIP）数据

IT 创新创业六讲 / 黄敏等编著 . -- 北京：机械工业出版社，2022.1
ISBN 978-7-111-69919-4

Ⅰ. ①I… Ⅱ. ①黄… Ⅲ. ①IT 产业 - 创业 Ⅳ. ①F49

中国版本图书馆 CIP 数据核字（2021）第 269838 号

本书以一种由浅入深、通俗易懂的方式阐述了创新创业的基本概念以及当前社会对创新创业的要求，并对软件相关领域的创业形式和创业机会进行了分析。书中针对大学生创新创业过程中的各类问题进行了探讨，系统地介绍了如何定义创新创业、如何组建项目团队、如何根据市场和国家政策选择和策划创业项目、如何进行实践中的团队管理和项目管理，并讲解了一些成功和失败的创业例子，还提供了关于创业技巧和创业流程的内容。

出版发行：机械工业出版社（北京市西城区百万庄大街 22 号　邮政编码：100037）
责任编辑：姚　蕾　　　　　　　　　　　　　　责任校对：马荣敏
印　　刷：文畅阁印刷有限公司　　　　　　　　版　　次：2022 年 1 月第 1 版第 1 次印刷
开　　本：170mm×230mm　1/16　　　　　　　印　　张：14.5
书　　号：ISBN 978-7-111-69919-4　　　　　　定　　价：79.00 元

客服电话：（010）88361066　88379833　68326294　　投稿热线：（010）88379604
华章网站：www.hzbook.com　　　　　　　　　　　　读者信箱：hzjsj@hzbook.com

版权所有・侵权必究
封底无防伪标均为盗版
本书法律顾问：北京大成律师事务所　韩光 / 邹晓东

前　言

PREFACE

　　创新是社会进步的灵魂，创业是改善民生和推动经济社会发展的重要手段。2014年9月，李克强总理在夏季达沃斯论坛首次提出了"大众创业、万众创新"的概念，在2015年再次强调"大众创业、万众创新"的作用，他表示"双创"是推动发展的强大动力，是扩大就业的有力支撑，是发展分享经济的重要推手，是收入分配模式的重大创新，是促进社会公正的有效途径，并呼吁全国人民参与"大众创业、万众创新"。当前，全球新一轮科技革命和产业变革正加速进行，综合国力竞争愈加激烈，突破与创新比以往任何时候都更为重要和迫切。为此，国家提出创新驱动发展战略、"一带一路"倡议、"中国制造2025"等一系列顶层设计，发展以新技术、新产业、新业态和新模式为特征的新经济。

　　众所周知，新经济的发展是以信息技术产业为代表的，信息技术产业发展又是以软件产业为核心的，没有信息革命的到来，就没有新经济的孕育和发展。目前，软件及信息服务产业已成为全球第一大产业，十多年来，软件行业的创新创业成绩斐然，大家有目共睹，而时代对于创新创业型软件人才的需求也变得更为迫切。

　　为助力我国的创新创业人才培养和教育工作，提升工科人才的创新创业能力，完善工科人才的"创意-创新-创业"教育体系，本书针对软件工程、计算机及相关专业的学生以及IT行业从业者，对创新创业概念及过程和方法进行了探讨。

　　虽然创新教育和创业教育具有不同的内涵，但是两者的关系密不可分。在表现形式上，创业教育是实质的发展要求，而创新教育是外在形式，其中创新教育是创业教育的核心。创业教育是创新教育的本质，创新教育的根本目的是促进创业教育。所以说创新创业教育不是这两个方面的简单结合，而是需要两者相辅相成、互相升华。本书系统介绍了如何定义创新创业，如何组建项目团队，如何根据市场和国家政策选择和策划创业项目，如何进行实践中的团队管理和项目管理，并讲解了一些发人深省的成功和失败的创业例子，最后还提供了一些创业技巧和大家比较少注意到的创业流程内容。

本书特色

（1）由浅入深的创新创业概念和方法阐述

本书以一种由浅入深、通俗易懂的方式阐述了创新创业的基本概念以及当前社会对创新创业的要求，并对软件相关领域的创业形式和创业机会进行了分析，通过介绍软件创业团队的创建过程、软件行业创业者所需要具备的素质，以及中国高校在创新创业教育方面的一些教学方法和实践，帮助读者对在软件领域开展创新创业有更深入的认识，也为高校培养创新创业人才提供一些参考和借鉴。

（2）具有代表性的优秀软件企业创业案例

本书在介绍软件行业发展历程的基础上，精选当今优秀软件企业的成功案例，以独到的见解分析这些软件创业公司的特点、发展历程和成功经验，解读它们的创新与创业思维，探讨技术创新、商业模式创新以及企业战略的变革。这些案例可让软件行业的学生和从业者深受启发。

（3）理论与实践相结合的创新创业指导

本书在第2、3章中对在软件行业开展创新创业的要素和过程进行了阐述，并通过一些具体的创业企业案例，帮助读者充分了解软件行业创业过程，以及此过程中要用到的创新创业能力。

本书的结构如下。

第 1 章介绍了创新创业的基本概念，包括两者的内涵与外延，以及软件工程专业与创新和创业的契合度。

第 2 章介绍了在软件工程领域进行创新的方法，包括软件工程自身进行创新的难度、软件工程与垂直领域结合的创新，以及在软件需求分析、业务建模以及实现方法等方面的创新方法。

第 3 章介绍了在软件领域进行创新创业时对不同类型的程序员的要求。

第 4 章介绍了如何判定创业成功和失败，以及创业的关键要素、创业计划书的撰写，并提供了一些创业案例。

第 5 章介绍了高校在创新创业人才培养方面的探索和实践。

第 6 章让读者了解软件行业创新创业的时代需求以及成功创业对个人素质有哪些要求。

本书的部分内容是 2020 年广东省软科学项目（项目编号：2020A1010020041）的阶段性成果。

本书既可以作为普通高等学校软件工程和计算机等相关专业创新创业教育通识课程的教材，为提高软件工程专业学生的创新思维和创业能力提供方法论和案例解读，也可以作为创新创业教育相关从业人员的参考资料。

本书主要由华南理工大学软件学院的黄敏、刘孜文两位老师编著，他们承担了第 1～5 章的编写，广东外语外贸大学国际服务外包研究院的孙波老师承担了第 6 章的编写，华南理工大学软件学院的硕士研究生程聪、陈润蓉和黄群燕承担了相关资料的收集、整理以及文字和参考文献的校对工作。

本书对软件工程专业及相关领域的创新创业教育做了一些案例分析和实践探讨，因时间仓促和编著者水平有限，书中难免有一些不足之处，恳请大家提出宝贵意见，我们会在以后的修订中继续完善。

目 录

前言

第1章 创新创业的基本概念 …… 1
1.1 创新的内涵与外延 …… 1
1.2 创业的内涵与外延 …… 3
1.3 软件工程专业与创新和创业的契合度 …… 4
1.3.1 创新与软件工程专业 …… 5
1.3.2 创业与软件工程专业 …… 6
参考文献 …… 8
习题 …… 9
调查题 …… 9

第2章 软件工程创新详解 …… 10
2.1 软件工程领域的创新难度 …… 11
2.2 软件工程与垂直领域结合的创新 …… 12
2.2.1 电子商务 …… 12
2.2.2 O2O …… 14

2.2.3 物联网及工业互联网 …… 17
2.2.4 大数据 …… 19
2.2.5 人工智能 …… 20
2.2.6 创新的内在逻辑 …… 24
2.3 软件工程的需求分析 …… 25
2.3.1 需求分析的难点 …… 27
2.3.2 需求分析的方法 …… 28
2.4 软件工程的业务建模 …… 30
2.5 软件工程的实现方法 …… 35
2.5.1 基于"系统"角度的开发方法 …… 35
2.5.2 基于"数据"角度的开发方法 …… 42
参考文献 …… 55
习题 …… 56
思考题 …… 56

第3章 软件工程创业及程序员分类 …… 57
3.1 创新与创业的差别 …… 57

3.2 对创新型程序员的要求 …… 62
    3.2.1 具备相关的基础知识 …… 63
    3.2.2 具备系统的专业知识 …… 64
    3.2.3 专业工具 …… 71
    3.2.4 专业态度 …… 79
3.3 对创业型程序员的要求 …… 84
3.4 意志力的培养——是否需要自己做 CEO …… 89
参考文献 …… 91
习题 …… 91
思考题 …… 92

第4章 创业要素 …… 93

4.1 创业成功的判定 …… 94
    4.1.1 创业失败的定义 …… 95
    4.1.2 创业成功的定义 …… 97
4.2 创业的关键要素 …… 100
    4.2.1 方法论 …… 100
    4.2.2 天时、地利、人和 …… 103
4.3 如何撰写创业计划书 …… 108
    4.3.1 创业计划书的撰写要点 …… 109
    4.3.2 创业计划书示例 …… 116
4.4 创业公司案例 …… 129
    4.4.1 美团——艰辛而又励志的创业历程 …… 129
    4.4.2 科大讯飞——专注技术创新，终获成功 …… 136
    4.4.3 小鹏汽车——创业必须持之以恒 …… 143
    4.4.4 齐悟——创业必须与时代接轨 …… 149
    4.4.5 拼多多——创业必须抓住大众需求 …… 154
    4.4.6 快手——创业需要把握人群 …… 161
    4.4.7 火烈鸟——从校园里"越级打怪"出来的公司 …… 168
    4.4.8 独角兽企业概述 …… 175
参考文献 …… 176
习题 …… 177
思考题 …… 177

第5章 高校的创新创业人才培养 …… 178

5.1 引言 …… 178
5.2 创新创业教育的国内外发展情况 …… 179
    5.2.1 国内外创新创业教育情况 …… 179

5.2.2 国内外创新创业教育的研究情况 …… 183
5.3 "双创"教育对传统人才培养模式提出的挑战 …… 186
5.4 高校开展"双创"人才培养的途径探索 …… 187
5.5 "双创"人才培养模式改革的进一步思考 …… 195
参考文献 …… 198
习题 …… 199
思考题 …… 199

第6章 时代召唤下的创新与创业 …… 200
6.1 浪潮之巅，新时代的召唤 …… 200
6.2 大胆创新，理性创业 …… 204
6.3 终身学习，永不止步 …… 211
6.4 以技术为核心，创新无止境 …… 214
参考文献 …… 221
习题 …… 222
思考题 …… 222

第 1 章

创新创业的基本概念

首先,问一个简单的问题:"什么是创新?什么是创业?"可能大家会觉得这是一个耳熟能详的概念,在创新、创业已经成为一股风潮的现在,没听过"创新、创业"的人是少数,许多人对这两个词都有自己的理解。

虽然如此,但目前关于"创新、创业"这个概念尚未有统一的定义,为保证该概念在本书中的一致性,如果没有特别说明,本书都采用 1.1 节和 1.2 节中所阐述的"创新、创业"的内涵和外延,并以此为基础进行相关扩展。

1.1 创新的内涵与外延

"创新"一词早在《南史·后妃传·上·宋世祖殷淑仪》中就曾提到,"创新"是"创立或创造新的东西,鼎新革故"。《现代汉语词典》对"创新"一词的解释是"抛开旧的,创造新的"。

然而,需要注意的是,本书中"创新"的概念和上述的"创新"在内涵和外延上并不完全相同,但使用的是同一个名词。本书中采用由熊彼特[1-2]首先提出的"创新"概念,他在《经济发展理论》中认为,所谓创新就是要"建立一种新的生产函数",即"生产要素的重新组合",就是要把一种从来没有的关于生产要素和生产条件的"新组合"引入生产体系。

这里的创新对应的英文单词为 innovation,有别于广泛使用的 create。

如果用类比的方式对这两个英文单词进行区别，前者类似于科研过程，后者类似于科研成果的转化。以发明即时贴而闻名世界的3M公司的杰弗里·尼科尔森博士曾经用两个简单的要素——"金钱"和"知识"所建立的组合关系对"科研"和"创新"给出了更为明确的定义："科研是将金钱转换为知识的过程"，而"创新则是将知识转换为金钱的过程"。而美国工程院院士、普林斯顿大学讲席教授李凯在引用这段话的时候进一步补充说："如果把金钱转化成金钱，就去华尔街（金融），不需要找科研人员。"这个过程如图1-1所示。

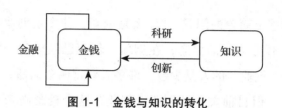

图1-1 金钱与知识的转化

这里还有一个很有意思的问题，大家可以思考一下为什么没有画出知识到知识的连线。

再进一步解释，"创新"并非指研究出一项新技术，而是将这项技术用于改变现有的生产体系。例如，大家熟知的电子商务领域诞生了很多世界级的公司，如美国的亚马逊、中国的阿里巴巴和京东等。那么，这些公司的电商业务在最初有没有使用跨时代的信息科技呢？大家通过考察不难发现，对于电商平台核心技术之一的网站架构，它们都是采用很普遍的B/S（浏览器/服务器）架构。同时，作为电商平台另一核心技术的支付方式，最早采用的是有别于买卖双方的第三方（淘宝）扣留押金方式，也就是后来的支付宝，它类似于银行的担保，两者之间的主要区别不在于技术和操作方面，而在于法律方面。由于银行提供担保需要被担保方具有一定资质，尤其是大规模的资金管理，否则会影响金融稳定。可以看出，这些电商巨头的业务平台在最初都没有使用最新的信息科技，只是随着网络技术的发展，尤其是进入互联网时代后，随着电商平台用户规模的不断扩大，在以往的技术难以支撑目前常达百亿级的用户访问并发量,而银行所使用的大型机方案性价比不高的情况下,各电商巨头企业才迫切需要新的平台架构方案。所以,创新的初级阶段并不是新颖和高端的技术,重要的是有推动技术或知识向生产力转化的动力,即当前的技术和知识难以解决新面临的问题时,才促使人们对技术或者知识进行更新,也就是有创新的活动。

1.2 创业的内涵与外延

对于"创业"一词的概念,在国内外的学术和工业界都有很多的讨论,本书在这里直接引用南京财经大学的学者李时椿的总结[3],即"创业"本义是"创立基业""创建功业"。《辞海》中的解释就是"创立基业"。《孟子·梁惠王下》有:"君子创业垂统,为可继也。"把创建功业与一脉相承、流传后世联系起来。《现代汉语成语辞典》对"业"有如下解释:学业、业务、工作;专业、就业、转业、事业;财产、家业等。可见,"业"的内涵极为丰富。

在英文中"创业"有两种表述方式:一是 venture,二是 entrepreneurship。venture 的最初含义是"冒险",但在企业创业领域,它的实际意义并不是单纯的"冒险",而是被赋予了"冒险创建企业",即"创业"这一新的特定内涵。venture 用于表示动词"创业",主要是 20 世纪创业活动蓬勃兴起以后。venture 比 entrepreneurship 更能揭示"创建企业"这一动态过程。在现代企业创业领域,往往用 venture 来指"创业"正在呈增长态势。entrepreneurship 则主要用于表示静态的"创业状态"或"创业活动",从"企业家""创业者"的角度来理解"创业"。随着科技的进步和企业兴衰更替的加速,"创业活动"正发挥着越来越重要的作用,entrepreneurship 才逐步被赋予"企业家活动"这一新的内涵。例如,John G. Burch 在 1986 年就已经将"创业"定义为"创建企业的活动"。

清华大学高建、姜彦福和雷家骕等学者认为[3],在国内,将 entrepreneurship 译为"创业""创业化""创业型"和"创业活动"可能更合适,而 entrepreneur 可译为"创业者"。本书将统一使用 entrepreneurship 这个概念,即创业指创办一个企业,以便限制范围进行有针对性的讨论。

一谈到创业,可能大家都会想到马云、马化腾等国内著名的创业者,或者埃隆·马斯克、马克·扎克伯格、布莱恩·切斯基等世界知名的创业者。

然而创业是一件非常艰辛和困难的事情,尤其是大学生对创业的理解,存在典型的幸存者偏差。

所谓的幸存者偏差是一种常见的逻辑谬误,指人们通过各种途径收集到的各种信息,一般只是经过某种筛选产生的结果,而没有意识到信息筛选的过程,因此忽略了被筛选掉的关键信息。下面是一个经典的例子。二战期间,盟军需要用有限的预算和增加有限的重量加强对战机的防护。军方调查了作战后幸存的飞机,按照统计学的原理,发现弹痕多分布于飞机两翼、尾翼和机体中段。正要准备加固这些地方的装甲时,一位统计学家亚伯拉罕·瓦尔德(Abraham Wald)却力排众议,指出更应该注意弹痕少的部位,特别是没有弹痕的部位,如驾驶舱、油箱、发动机等,因为这些部位受到重创的战机,根本没有机会返航,而这部分数据被忽略了[4]。事实证明,瓦尔德是正确的。

放到创业这个环境里,大多数人记住的都是成功创业者的名字,而很少关注创业失败的情况。

本节只对创业的外延做最简单的概述,比如,创建一家企业或者公司,然后,公司能维持下去,而对于具体事例的介绍可参见后面的章节。

1.3 软件工程专业与创新和创业的契合度

虽然目前在各个行业和领域都有多种形式的创新与创业,但是对于软件工程专业而言,这两项内容有更高的契合度,并且相对而言更加容易,本节将基于 1.1 节和 1.2 节中对"创新""创业"的内涵和外延的定义进行介绍。

1.3.1 创新与软件工程专业

在谈创新与软件工程专业的关联性和契合度之前,首先回顾一下 1.1 节关于"创新"的描述,它是指把关于生产要素和生产条件的"新组合"引入生产体系中,以实现对生产要素或生产条件的重新组合。生产要素和生产条件有很多,应该怎样寻找新组合?例如,如果是二元组合,就是 $O(n^2)$ 的算法复杂度,如果是三元组合,复杂度变成了 $O(n^3)$。

随着互联网的发展,计算机软件的概念已经深入人心,例如,现在很多人即使对软件一无所知,但提起 App 这个概念,都知道是指(手机上的)软件应用程序。再例如,目前"智慧城市"等概念也在互联网的推动下广为人知。互联网技术的发展为软件行业的创新打下了良好的基础,软件工程专业可以与很多专业进行"一加一"以及"一加多"的组合,获得更为广泛的创新元素。例如,软件工程与医疗组合,就是智慧医疗;软件工程与工厂组合,就是工业互联网;软件工程与农业结合,就是智慧农业;等等。因此,在当前的互联网和人工智能时代,创新与软件工程专业具有很高的契合度。

为了说明这个问题,可以对"创新"的概念进行延伸,也就是说,"创新"很大程度上不是指从无到有,而是把已有的东西通过重新组合和优化来产生新的事物。因此,基于此延伸的概念,对于在具有广泛基础(这里的"基础"不仅仅指技术,还包括对该技术的认知群体)以及具有一定领先水平的软件行业和相关领域中的创新,必定具有更好的创新条件。虽然同时也会有更大的竞争压力,但只要创新者具有更敏锐的目光和视角以及更细致的设计,就不难发现软件与其他任何应用领域相结合的创新理念和产品。

这里要为本书的读者,尤其是尚未走入社会的学生们澄清一个关于

"创新"方面的认识误区,即在任何行业和技术领域,并不是只有提出新概念才能算创新。实际上,在大部分行业中,能做到第一是非常艰辛的,能做到第二乃至第十也都是有意义的,即使在要求最为严格的科研的某个小领域也不应该只有一种声音,况且中国那么大,市场和机会都非常多。

1.3.2 创业与软件工程专业

下面谈一谈"创业"与软件工程专业的契合度问题。同样,先回顾一下 1.2 节中关于"创业"的外延的最简单概述:创建一家企业或者公司,然后,公司能够维持下去。也就是说,一个人仅仅有非常好的创业想法或思路(idea)还不够,还需要创建公司,才能称为"创业"。

大家如果有机会接触不同行业的创业者,可能常常会听到一句话:"就差一个程序员了。"这句话一方面体现出当前软件工程专业或者说软件技术与各个行业的关联性很强,无论什么类型的公司,都需要懂软件以及会开发软件的人员来承担相应的任务,也意味着几乎所有行业都需要"程序员"这样的岗位;另一方面,这句话也反映出很多人在创业之初的准备工作中考虑得并不充分,公司真正运营起来时就会发现,即使他创办的不是互联网公司,也有可能需要"程序员"这样的角色来解决公司软件系统中的各种问题。而设立"程序员"岗位,首先就有经济方面的压力摆在创业者面前,为什么呢?下面通过表 1-1 中的数据给大家解释这个原因。表 1-1 给出了国家统计局发布的按行业分城镇单位就业人员平均工资[5]。

表 1-1 按行业分城镇单位就业人员平均工资(2017~2019 年)

指标	2019 年	2018 年	2017 年
信息传输、计算机服务和软件业城镇单位就业人员平均工资/元	161 352	147 678	133 150
科学研究、技术服务业城镇单位就业人员平均工资/元	133 459	123 343	107 815
金融业城镇单位就业人员平均工资/元	131 405	129 837	122 851

从表 1-1 中可以看出,程序员的平均工资水平较高,这就说明在一个

IT 公司创业之初，如果需要合适的"程序员"来完成相关工作，公司首先需要考虑的是人力成本。举个例子，在软件行业从业的人都了解，要开发一个能上线使用的软件 App，即使该 App 的功能非常简单，仅仅靠一个程序员也不能完成，往往需要一个开发团队，该团队的标准配置包括一名前端开发者、一名后台开发者、一名需求分析兼界面设计者，最好再有一名系统架构师，这四个人一年的人工成本按照目前大多数公司的基本标准，大概至少需要 60 万元，这部分成本是难以省略的。当然，有一个省钱的解决办法，那就是创业者自己是计算机和软件相关专业的，或者是自学成才的编程高手，能够承担项目中的编程工作，则创业者在公司成立之初的人力资源成本上的压力会小很多。

除上述的人力成本之外，创业公司能正常运行，还需要以下几项成本开销。

1）办公场地租用费。为了便于公司管理及项目开发的组织和讨论，公司会为所有员工提供一个固定的办公场所，保证每个人都有自己固定的办公区域，这是提高公司运营效率的基本要求。为了让大家对办公地点的租用成本有大致了解，这里简单地举个例子。根据地理位置、环境、装修情况等，写字楼可以分为甲、乙、丙等类别，根据市场调研，2019 年一个普通的甲级写字楼在一线城市的均价每月至少 120 元/平方米，如果租用一个 100 平方米的写字楼，每月的场地租金至少为 14.4 万元，加上税金，一年需要 20 万元左右。

2）设备购置。不管是哪种类型的公司，生产的产品是什么，但凡要用到软件技术来做支撑，就需要一定的软、硬件工具和设备来完成产品开发。例如，生物科技类的创业公司，可能需要大量的试剂；机械类相关的公司，可能需要 3D 打印机；电子电路相关的公司，则需要电器元件和仪器仪表设备；等等。

3）业务费和差旅费。公司的正常运营需要不断地挖掘市场需求，建立新的客户资源，同时，为保证开发的产品能够获得客户的认可，使客户满意，并由此建立长期的合作关系，开发者也需要经常与客户沟通产品设计和开发的细节，这就需要相应的业务费和差旅开销。

关于办公场地，作为软件工程专业的毕业生，熟练使用各种网络交流工具是基本技能，所以虽然居家办公（SOHO）存在各种问题，在前期资金紧张时也不是不能考虑。其次是设备，软件工程专业的生产力工具可能是一个多核 CPU 的主机、可以竖屏的显示器或者是笔记本，而作为一个毕业生，这些都可以自带，无须公司统一配备。最后是差旅，同样，只要客户或者投资人熟练掌握了网络交流工具，就能够最大限度地减少出差的次数。

由此可见，软件工程专业与"创业"二字的契合度也是非常高的。尤其是对于具有软件专业教育背景的创业者来说，创办一家 IT 行业的公司并没有太高的门槛，而重点要关注的是如何让初创公司能够维持下去并获得稳定发展。

如果能按上述方法较好地控制公司的日常成本，那么公司维持下去的可能性将大大增加，这也是软件工程和创业之间契合度的体现。

参考文献

[1] 李乾文. 熊彼特的创新创业思想、传播及其评述 [J]. 科学学与科学技术管理，2005.

[2] 德鲁克. 创新与创业精神 [M]. 张炜，译. 上海：上海人民出版社，2002.

[3] 李时椿，刘冠. 关于创业与创新的内涵、比较与集成融合研究 [J]. 经济管理，2007(16)：76-80.

[4] 卢映西，宋梦瑶. 经济学研究要注意避免幸存者偏差因素的影响——以企业绩效和利润率下降规律研究为例 [J]. 当代经济研究，2020(6)：73-80.

[5] 中华人民共和国国家统计局. 按行业分城镇单位就业人员平均工资 [EB/OL]. http://data.stats.gov.cn/easyquery.htm?cn=C01.

习题

1. "创新"一词的中文词源在哪里?"创新"在本书中是怎样定义的?
2. 试述创新与科研的区别与联系。
3. 图 1-1 中描述了知识与金钱的关系,细心的读者可能会发现,图中缺少了知识到知识的连线,那么知识到知识的连线究竟是什么?
4. "创业"的中文词源在哪里?"创业"在本书中的定义是什么?
5. 如何理解"IT 产业与其他行业的结合正在变得越来越紧密"?软件工程在这个过程中能发挥怎样的创新作用?
6. 什么是"幸存者偏差"?幸存者偏差是如何影响大众对创业的理解的?
7. 如何理解创业市场上的一句经典台词"就差一个程序员了"?创业团队中差一个程序员对整个创业项目的影响体现在哪里?程序员在创业公司中到底是重要还是不重要?
8. 创办一个企业的一般性开销主要体现在哪些方面?软件工程专业的毕业生在这些开销中可能会具备哪些优势?

调查题

1. 调查周边有真实创业经历的人群,按照概率论课程中讲述的标准采样方法,计算出周围人群中创业的成功率在 95% 置信区间是多少。
2. 调查周边有出国经历的人群,对比国内和国外(尤其是发达国家)使用互联网应用(App)的感受,评估中国互联网产业在全球的实际水平,并研判当前我国整体互联网水平对创业的影响。

第 2 章
软件工程创新详解

软件工程的概念[1]是1968年在NATO会议上首次提出来的,其基本思想是应用计算机科学理论和技术以及工程管理原则和方法,按照预算和进度,实现满足用户要求的软件产品的定义、开发、发布和维护的工程。软件工程包括软件开发技术和软件项目管理两方面的内容,其中,软件开发技术包括软件开发方法学、软件工具和软件工程环境;软件项目管理包括软件度量、项目估算、进度控制、人员组织、配置管理、项目计划等[2]。近50年来,软件工程的理论研究和应用实践取得了长足的发展,软件设计方案、工程管理技术、软件开发模型和工程支持技术等软件工程的主要内容已发展得相当成熟,使软件成为集科学性、复杂性和有效性于一体的技术。随着互联网技术和全球化趋势的加速发展,软件工程和相关技术将利用Internet平台整合资源,更广泛、更深入地渗透各个行业和应用领域,通过构建高效、可信的平台环境,为用户提供更多服务。因此在很长一段时间内,软件工程及相关技术和应用都将飞速发展。

李开复先生有一句座右铭:"有勇气来改变可以改变的事情,有胸怀来接受不可改变的事情,有智慧来分辨两者的不同。"这段话清楚地表示并非所有的事情都可以凭个人的理想和信念来实现,结合"创业"的语境,可以解释为并非任何行业和领域都适合进行创业。本章将对软件工程学科做进一步阐释,使读者对软件工程创新与创业有更深的理解。

2.1 软件工程领域的创新难度

梅宏院士在《软件学报》创刊 30 周年特刊上对软件工程学科进行了回顾[3]，阐述了软件工程当前的发展，其中核心部分包括 9 篇相关论文的评述。本节通过引用这些论文的核心内容，帮助大家更好地理解软件工程的创新难度。

论文"软件开发方法发展回顾与展望"简要地从基于结构化程序设计和模块化开发的基本方法开始，到服务化的方法，回顾了软件开发方法发展历程中的重要里程碑，针对人机物融合应用模式的新挑战，介绍了网构软件范型并展望其未来的发展趋势。

论文"系统软件新洞察"以系统软件的发展脉络为基石，分析了系统软件的本质特征、时代特点和未来发展趋势，从 3 个方面给出了对系统软件的洞察。

论文"形式化方法概貌"简述了形式化方法的发展历程和基本方法体系，综述了形式化方法的理论、方法、工具和应用的现状，展望了其所面临的发展机遇和未来趋势。

论文"软件过程与管理方法综述"从软件组织与管理的核心概念切入，梳理了软件组织和管理方法的特征，并以软件的发展历史为主线，介绍了软件组织与管理方法的历史沿革及其背后的缘由。

论文"程序分析研究进展"概述了基本程序分析技术及其研究进展，总结了不同类型软件的分析方法，展望了程序分析的未来方向和挑战。

论文"程序理解：现状与未来"从工程、学习和认识、方法和技术 3 个维度定位了程序理解任务，通过文献分析展示其研究布局，并从认知过程、理解技术以及软件工程任务中的应用这 3 个方面，综合论述程序理解研究的发展脉络和研究进展。

论文"大数据管理系统的历史、现状与未来"简述了数据管理技术的发展历史，从存储、数据模型、计算模式、查询引擎等方面对大数据管理系统的现状进行了分析。指出目前大数据管理系统应具有的模块化和松耦合特点，及其应具备的数据特征、系统特征和应用特征，并预测了未来大数据管理系统的特点。

论文"数据模型及其发展历程"以数据模型的发展历程为线索，依次分析了结构化模型、半结构化模型、OLAP 分析模型、大数据模型等典型的数据模型，并对各个模型的典型数据库系统进行了性能分析。

论文"新型数据管理系统研究进展与趋势"聚焦由大数据的"4V"特征带来的挑战，解剖和分析新型数据管理系统的设计思想和研究进展，包括分布式数据库、图数据库、流数据库、时空数据库和众包数据库等，并对这些新型数据管理系统的未来发展趋势进行了展望。

通过以上权威论文的总结不难发现，任何一个想在软件工程领域进行创新的学生（主要指硕士研究生和博士研究生）都至少需要深刻理解以上有关软件工程任意子领域的发展历史和相关理论，对大部分本科生而言，达到这个要求就更加困难，因此，在软件工程领域进行创新，需要在对其发展历程中的所有相关技术有整体了解的基础上，对某个子领域有深入的理论研究和长期的实践经验才能有所建树，难度可想而知。

2.2　软件工程与垂直领域结合的创新

相对而言，软件工程与垂直领域相结合的创新难度就降低了很多。下面通过讨论大家比较熟悉且较为成熟的结合领域来介绍这方面的创新，并尝试从中找到软件工程在垂直领域的创新规律。

2.2.1　电子商务

回顾近年来软件工程与垂直领域结合的发展，可以毫不犹豫地说，电子商务是软件工程一切创新的起点，是互联网爆炸式发展的直接产物，是互联网技术应用的全新发展趋势。

电子商务是指利用信息网络技术，以商品交换为中心的商务活动，也可以理解为在互联网、企业内部网和增值网上以电子交易方式进行交易和相关服务的活动，能够将传统商业活动中各个环节电子化、网络化、信息化。以互联网为媒介的商业活动均属于电子商务的范畴。电子商务的本质是商务，目标是通过电子的方式来进行商务活动，所以它要服务于商务，并满足商务活动的各种要求，它是信息流、物流和货币流三个部分的有机结合。

电子商务的含义有广义和狭义之分，具体介绍如下。

广义的电子商务（Electronic Business，EB）是指各行各业中的各种业务的电子化、网络化，即通过电子手段进行的商业事务活动。从最初的电报、电话到电子邮件以及现在的 EDI（电子数据交换），都可以说是电子商务的某种形式。

狭义的电子商务（Electronic Commerce，EC）是指人们以计算机为基础进行商品交换的各种商务活动，包括商品和服务的提供者、广告商、消费者、中介商等有关各方行为的总和[4]。商品可以是实体化的，如手机、空调，也可以是数字化的，如图片、软件、视频等，此外，还可以是各类服务，如远程教育、规划旅游等。

我国电子商务的发展始于 20 世纪 90 年代初期，它是以国家公共通信网络为基础、以国家金关工程为代表、以外经贸管理服务为主要内容逐步发展起来的。1996 年 2 月，中国国际电子商务中心成立；1997 年，国务院组建中国电子数据交换技术委员会，电子商务在我国正式启动；1999 年被确定为"政府上网年"；2000 年 6 月，中国电子商务协会成立，架起了国内外电子商务发展的桥梁。

自 2000 年以来，我国的电子商务网站（在线购物、网上书店、网上购票、在线教育、医疗保健等）和各种电子商务咨询、交易站点不断涌现，覆盖范围从北京、上海、广州等地区向主要沿海城市扩展。有关电子商务的法律、制度、实施纲要等相继出台，中国银行、中国建设银行、招商银行等相继推出了网上支付,我国政府积极支持并推动电子商务的发展,证券公司、金融结算机构、信用卡发放等领域已成功进入电子商务领域,并进行了大量可靠的交易,中国的电子商务正进入繁荣阶段。同时,我国电子商务的发展根据地域分布的不同呈现出较为明显的差异,自东部沿海地区向西部内陆呈现出明显的阶梯状分布特征,这种空间分布特征是多个因素循环累积的结果,也是我国经济发展与信息技术发展的局部体现。

软件工程理论和方法在电子商务网站的建设过程中起着举足轻重的作用,它对于保证电子商务网站满足商家和用户的需求、正确支持各类交易和支付操作、以合理的成本并按进度完成网站建设、方便系统日后的日常维护和升级等方面都提供支撑。同时,软件工程与电子商务相结合的创新主要体现在交易技术方面,通过结合软件工程的新理论和新技术,可有效降低电子商务网站的开发成本、简化支付流程、优化用户体验、提高用户数量和交易次数,从而为电子商务公司注入更大的活力,扩展其增量市场。

2.2.2 O2O

O2O 即 Online To Offline,是指将线下的商务机会与互联网结合[5]。得益于电子商务的快速发展,O2O 也迅速得到了推广和发展,得到 O2O 模式的过程可以被认为是对电子商务的一次抽象,即通过互联网购买的不一定是一种实物产品,也可以是一种抽象的服务,而服务就代表着各式各样的商业机会。

为了让大家进一步了解 O2O,下面举一个有代表性的例子。

众所周知的诺基亚(Nokia)公司,在 2000 年还是一家市值为 3030 亿欧元的手机巨头公司,然而到 2013 年 9 月,微软只花了不到该公司 2000 年市值的 18%(即 54.54 亿欧元)就收购了这家企业。诺基亚作为一家拥有超过百年历史的企业,在它的大部分生命周期内,其盈收都是呈现正增长的,但是它的衰败仅仅用了六年时间。虽然有人用"巨人倒下的时候,他的身体还是热的"这句话来形容诺基亚的衰亡,因为即便是在 iPhone 推出后两三年的时间里，诺基亚在智能手机市场上仍然占有举足轻重的地位。但时代的机会总是留给创新者与创造者的，诺基亚的失败有很多原因，其中很重要的一条就是缺乏迭代试错的精神和能力。诺基亚的决策缺乏市场根基，完全由企业高层制定，即便诺基亚的员工强烈要求进入 Android 环境，高管们仍然不为所动，坚定地执行单一 Windows Phone 平台策略，这正是导致诺基亚衰败的直接因素。

从诺基亚身上可以看到一个典型企业的传统运营方式：先通过决策研发和生成产品，企业的管理层预测市场需求，根据预测的需求制定产品策略，产品上市后进行对应的营销、销售工作。可以看到，这个过程中有两个关键环节：

1）如何定义产品，也就是产品预测环节、用户需求预测环节能否更加准确。

2）用户的获取，即如何扩大用户数量、提升成交率。

这两个环节正是"O2O"需要考虑和解决的问题。

"O2O"的概念最早来源于美国，它是指线下的商务机会与互联网结合，让互联网成为线下交易平台。O2O 的概念非常广泛，例如，在"咸鱼"上卖一件个人闲置的物品，就属于 O2O 的一种方式，它利用线上的销售途径将线下的实体商品卖出去了。如果将 O2O 从个人扩展到企业，就成为企业的一种商业模式。

在传统的零售、快消、日化、餐饮等行业中，之前 Online，也就是线上的业务实际上非常少，线上销售额能够占据品牌整体销售额 10% 的企业凤毛麟角，O2O 就像一条腿粗、一条腿细的人，如果整个行业的企业都是这种一条腿走路的情况，自然不会有太大的问题，但一旦行业中出现了某些两条腿粗细相当的新兴企业，哪怕这个企业的两条腿加起来没有传统企业的一条粗腿粗，由于它的平衡性，也可以更快地响应市场需求，以更灵活的方式实现营销，同时能真正走到客户身边了解其需求。这无疑会为该企业带来强大的竞争力，使其迅速占领市场，打垮那些"两条腿不平衡、走路一瘸一拐"的企业。

因此,对于O2O更为精准的定义是:将线下的散点消费行为采集到线上来进行管理和消费,形成最后的客户。O2O的核心目标是将线下流量转化成为直接收益,并利用线上的生态环境为线下实体赋能,完成最后的数据闭环。

总之,O2O的核心理念是能更好地利用资源进行信息分发,提升固定客源的转化效率。O2O并不会改变上千年以来的商业本质,它所做的仅仅是利用新的技术和手段,让资源和用户进行更有效的链接,从而提升营销效率。

O2O电子商务的出现不可避免地会对传统销售模式造成巨大影响,并以前所未有的速度冲击着尚未改革的传统企业。自从2013年提出O2O的商业概念,到2015年O2O的发展进入黄金时期,创业较晚的O2O企业在细分领域中的竞争也愈发激烈。事实上,O2O的发展对于传统企业来说并不是一件坏事,很多采用传统线下模式的零售商紧跟时代潮流,相继进行了改革,通过开展线上业务取得了不错的收益,如沃尔玛就很好地整合了线上和线下两种营销模式,实现了资源的优化配置。所以,采用传统销售模式的企业要转型为O2O模式,主要是抓住以下两大机遇。

(1) 紧跟"互联网+"时代步伐,网络购物市场快速发展

据第45次《中国互联网络发展状况统计报告》指出,截至2020年3月,我国网民规模为9.04亿,互联网普及率达64.5%,网络购物用户规模达7.10亿,2019年交易规模达10.63万亿元,同比增长16.5%。庞大的网民构成了中国蓬勃发展的网络消费市场,也为O2O的发展打下了坚实的用户基础。越来越多的传统销售企业开始思考如何扩展新的网络市场,以便将企业的现有资源优势与O2O模式相结合,创造出更大的经济效益。

(2) O2O新型商务模式使消费者的购买行为发生变化

《商务部"十二五"电子商务发展指导意见》指出,引导网络零售企业优化供应链管理、提升客户消费体验,支持网络零售服务平台进一步扩展

覆盖范围、创新服务模式；支持连锁企业、百货商场、专业市场等传统流通企业依托线下资源优势开展电子商务，实现线上线下资源的互补和应用协同。O2O是基于移动互联网的电子商务，可以利用互联网的便利性为自己提供盈利空间，借此抓住用户碎片化的时间，充分了解用户的消费需求，借助日新月异的智能手机功能，开发二维码扫描、面对面支付等功能，改变用户的消费习惯，为用户的购物生活带来便利。

由此可见，与其说O2O是一种创新的商业模式，不如说它是一股技术浪潮，是不同行业与互联网技术、软件技术深度结合的产物。这种创新深刻地改变了传统企业的经营方式和盈利模式，也带来了巨大的用户群体和商业利润。

2.2.3 物联网及工业互联网

按照软件工程发展的模式对O2O进行进一步的拓展思考，可以得到其他有意思的问题。例如，互联网技术除了应用于商业的流通环节之外，是否可以应用到其他环节？如生产环节？对于这个问题，可以看看当前正蓬勃发展的物联网以及工业互联网，它们就是将企业的生产过程与互联网技术相结合的一个典范。

工业互联网的概念是美国通用电气公司（GE）于2012年提出的[6]。工业互联网是全球工业系统与高级计算、分析、感应技术以及互联网连接、融合的结果，是通过智能机器间的连接最终将人机连接，结合软件和大数据分析，重构全球工业、激发生产力，让世界的发展变得更美好、更快速、更安全、更经济。通俗地说，工业互联网是实现人、机、物全面互联的新型网络基础设施，是形成智能化发展的新兴业态和应用模式。

纵观世界工业发展史，每一次工业革命都是由某一项新技术引领的，如蒸汽机的发明引领了第一次工业革命，电力技术推动了第二次工业革命，晶体管、半导体技术和集成电路技术的发明、应用以及电子信息技术的发展催生了第三次工业革命，而以互联网技术在工业领域的运用为核心技术驱动力的第四次工业革命正悄然到来。我国不仅是民用互联网大国、互联网技术人才大国，同时也是全球工业容量的第一大国，所以，在即将到来的第四次工业革命中，中国应该主动掌握话语权，确保自身在全球经济中的领先优势。

事实上，物联网、大数据、云计算、人工智能等新技术给制造业带来的红利都离不开工业互联网这个载体。在数据专家、算法专家等专业人才的努力下，许多成熟的互联网公司已经能够将这些新技术移植到工业企业。工业互联网自身就是信息技术和工业技术深度融合的产物，蕴含着强大的推动跨界创新的力量。

工业互联网作为制造业的创新平台，将影响制造业的所有环节，极大地改变整个产品生命周期的每一个阶段，包括产品设计、制造、送达、销售、维护等。它在制造业企业数字化转型中发挥着核心支撑作用，有效帮助企业提高生产效率、降低成本。一方面，工业互联网能推动传统工业转型升级，让各种资源配置更加优化，提升工业经济效益；另一方面，工业互联网能加快新兴产业培育，催生拥有智能化生产、网络化协同、服务化延伸、个性化定制的诸多新产业。制造型企业的互联网化是我国从制造大国走向制造强国的重要一步，也是解决传统制造业设备和技术依赖进口、缺乏创新等问题的关键手段。工业互联网的普及，不应该造成"机器全面取代人工"的局面，而是帮助解决工人不愿从事简单重复的机械性工作的问题。

自2018年至今，全球工业互联网平台的市场规模平均每年增长33%，我国工业互联网也处于快速增长阶段。广东万和新电气股份有限公司应用了工业互联网平台后，用人工智能技术在不同制造基地间进行任务协调和过程管控，用大数据技术对每月150万条数据进行采集、归档、分析。借助这个平台，万和新电气股份有限公司整体效率提升了30%以上，产品交付周期缩短了20%，市场竞争力明显增强，年销售收入由30亿元增长到40亿元，同比增长33%，原材料库存由6700万减少到5200万，同比下降

22.3%，取得了明显的经济效益，这就是工业互联网创下的"业绩"。

当前，新一轮科技改革和产业变革给制造业带来了巨大的发展机遇。随着持续的政策推动，信息化、智能化的工业发展趋势将引导中国从制造大国向制造强国转变。在这个过程中，工业互联网等基础设施将发挥重要支撑作用。

2.2.4 大数据

如果说市场环节和生产环节可以充分利用互联网带来的便利，那么从理论上来说管理环节同样能在企业的信息化和软件服务业标准化的过程中受益。黄仁宇先生在其著名的历史著作《万历十五年》中所提到的"数目字管理"，由于当时我国的软件技术发展刚刚起步，因此引发了不少争议，被认为是难以实现的，而如今，随着数字化经济的蓬勃发展，各类信息技术在企业管理过程中发挥着越来越重要的作用，大数据技术就是目前应用最为广泛的新技术之一。

大数据技术是指从各种类型的数据中快速获取有价值信息的技术。大数据领域已经涌现出大量新的技术，它们已成为大数据采集、存储、管理、分析和解释的有力工具[7]。大数据处理的关键技术一般包括大数据采集、大数据存储和管理、大数据分析及挖掘、大数据解释和应用（大数据检索、大数据可视化、大数据应用、大数据安全等）。

目前，人们普遍倾向于认为大数据技术是一项用于处理和分析大量的半结构化、非结构化数据的技术，其主流技术是 Hadoop 系统及其相关技术元素，但是随着大数据应用的推广，人们发现这种认识相当片面。大数据应用涵盖对所有类型数据的分析和处理，需要注意的是，这不是单单依靠一种技术就可以实现的，而是需要一个统一的大数据平台来支撑。

因此，大数据技术应该包含对数据资源进行分析和处理的所有技术，包括传统的数据库技术、数据仓库技术、商业智能分析技术、可视化技术、以 Hadoop 系统为代表的新型数据处理和分析技术等。大数据及其技术的应用是一个综合的解决方案，是各种技术要素协作的结果。

大数据技术中的数据来源非常广泛且数据类型复杂多样，物联网、云计算、移动互联网、手机、电脑以及各种各样的传感器，都是其数据来源或承载的方式，因此对大数据的处理方式也随之千变万化。尽管如此，大数据的处理流程是一致的，可以概括为数据采集、数据集成与处理、数据分析与挖掘、数据解释四个步骤。在大数据处理流程中，核心的部分是对于数据信息的处理。

Google 作为大数据技术应用最为广泛的互联网公司之一，在 2006 年率先提出了"云计算"概念。所谓"云计算"，就是一种大规模的分布式模型，通过网络将抽象的、可伸缩的、便于管理的数据能源、服务、存储方式等传递给终端用户[8]。根据维基百科的说法，狭义的云计算是指 IT 基础设施的交付和使用模式，指通过网络以按照需求量的方式和易扩展的方式获得所需资源；广义的云计算是指服务的交付和使用模式，指通过网络以按照需求量和易扩展的方式获得所需服务。云计算是大数据分析处理技术的核心原理，有兴趣的读者可以参考相关的专业书籍。

在当今信息爆炸的时代，大数据技术已经被广泛应用于商业金融、电力医疗、教育科研等领域。大数据技术的未来之路还很长，需要用更加敏锐的洞察力对它进行分析和研究。

2.2.5 人工智能

在人工智能（算法）领域进行相关创新研究和创业活动的人员，大多数都具有研究生以上的学历，这一点通过调查大部分独角兽科技公司的技术骨干或中高层管理者就可以得知，其中具有硕士与博士学历的人员的比例比较高。这是因为算法和芯片领域对专业水平的要求比其他软件领域更高，同时，在该领域进行创业也需要更多的投入资金。

下面简单介绍一下人工智能和算法。

人工智能是一个很宽泛的话题，从普通的电子计算机到无人驾驶汽车，再到未来可能改变世界的重大变革,都与它分不开,尤其是科技发展的今天,人们的日常生活与人工智能更是密不可分,大家每天都使用的互联网App早已使用了很多人工智能技术。

由 Stuart J. Russell 和 Peter Norvig 合著的经典教材《人工智能:一种现代的方法》是目前被高度认可的一本专著,该书将人工智能描述为类人行为、类人思考以及理性的行动,同时,也可以将其定义为研究和开发用于模拟、延伸和扩展人的智能的理论、方法、技术及应用系统的一门新的技术科学。

人工智能科学的主旨是研究和开发出智能实体,从这个角度来说,它可以归类为工学。工学的基础学科不仅包括数学、逻辑学、归纳学、统计学、系统学、控制学、计算机科学等,还包括哲学、心理学、生物学等其他学科,可以说人工智能是一个集多门学科精华的尖端学科,是一门综合学科。

人工智能也是一门知识工程学:以知识为对象,研究知识的获取、知识的表示方法和知识的使用。目前学术界将人工智能分为强人工智能和弱人工智能。强人工智能是指机器具有自我意识,要求机器有知觉、有意识,属于人类级别的人工智能。强人工智能是指在各个方面都能和人类比肩的人工智能,人类能做的脑力劳动它都能做。弱人工智能是指没有知觉和意识的、擅长单个方面的人工智能,机器按照事先写好的程序工作,并不拥有智能。一些场景的弱人工智能例子有:谷歌,它是一个巨大的搜索弱人工智能;智能手机也是一个弱人工智能系统;垃圾邮箱过滤器也是经典的弱人工智能,还有能战胜象棋世界冠军的人工智能机器人等。

人工智能应用的领域非常广泛,包括机器人、语音识别、专家系统、图像识别、金融贸易等。人工智能技术是国家重点支持的八大高新技术领域之一,也是国家主导的发展方向,通过各位科学家科研成果的不断创新,越来越多的分支领域也会更加快速地发展,在医疗、教育、金融、衣食住行、航空航天、环境治理等与人类生活息息相关的各个方面都会发展到一个新的高度。

而算法是指对解题方案的准确而完整的描述,是用于解决问题的一系列清晰的指令,算法代表用系统的方法描述解决问题的策略机制,也就是说在有限的时间内,对一定规范的输入,获得所要求的输出。算法常用于计算、数据处理和自动推理。

算法中指令描述的是一个计算,当其运行时能从一个初始状态和初始输入(可能为空)开始,经过一系列有限且明确定义的状态产生输出,并在最终状态下停止。从一个状态过渡到另一个状态不一定是确定的。包括随机化算法在内的一些算法包含了一些随机输入。

(1)算法具备的 5 个重要特征

- 有穷性(Finiteness)。算法的有穷性是指算法必须能在执行有限个步骤之后终止。
- 确切性(Definiteness)。算法的每一个步骤必须有确切的定义。
- 输入项(Input)。一个算法有 0 个或多个输入,以刻画运算对象的初始情况,所谓 0 个输入是指算法本身定义了初始条件。
- 输出项(Output)。一个算法有一个或多个输出,以反映对输入数据加工后的结果。没有输出的算法是毫无意义的。
- 可行性(Effectiveness)。算法中执行的任何计算步骤都是可以被分解为基本的可执行的操作步骤,即每个计算步骤都可以在有限时间内完成(也称之为有效性)。

(2)算法的 4 个设计原则

- 正确性。算法的正确性是指算法至少应该具有输入、输出和加工处理无歧义,能正确反映问题的需求,能够得到问题的正确答案。

算法的正确性大体分为几个层次:算法程序没有语法的错误;算法程序对于合法的输入数据能够产生满足要求的输出结果;算法程序对于非法的输入数据能够得出满足规格说明的结果;算法程序对于精心选择的,甚至刁难的测试数据都有满足要求的输出结果。

- 可读性。算法设计的另一个目的是便于阅读、理解和交流。写代码一是为了计算机执行,二是为了便于他人阅读,让人理解和交流。
- 健壮性。当输入数据不合法时,算法也能做出相应处理,而不是产生异常或莫名其妙的结果。
- 时间效率高和存储量低。通常,算法的效率指的是算法的执行时间;算法的存储量指的是算法执行过程中所需要的最大存储空间,优秀的算法需要较高的执行效率和较低的存储占用,即时间和空间达到平衡。

(3)算法的设计方法
- 递归和递推。递归和递推是学习算法设计的第一步。递归是把大问题分解成相对较小的问题的过程,而递推就是从小问题逐步推导出大问题的过程。无论递归还是递推,都应该有初始状态。
- 搜索、枚举及优化剪枝。搜索在所有算法中既是最简单也是最复杂的算法。说它简单,是因为算法本身并不复杂,实现容易;说它复杂,是因为要对搜索的范围进行一定的控制,不然就会出现超时等问题。搜索技术主要包括广度优先搜索和深度优先搜索。当其余算法都无法对问题进行求解时,搜索或许是唯一可用的方法。搜索是对问题的解空间进行遍历的过程。有时问题解空间相当庞大,完全遍历解空间是不现实的,此时就必须充分发掘所包含的约束条件,在搜索过程中应用这些条件进行剪枝,从而减少搜索量。
- 动态规划(简称DP)。动态规划的特点是能够把很复杂的问题分解成一个个阶段来处理,动态规划必须符合两个特点:无后效性(一个状态的抉择不会影响到更大问题的状态的抉择)及最优化原理(一个大问题的最优性必须建立在其子问题的最优性之上)。动态规划是竞赛中经常出现的类型,而且变化很大(有线性DP、环形DP、树形DP等),难易跨度大,技巧性强,甚至还有DP的优化等问题。
- 贪心。贪心算法是所谓的"只顾眼前利益"的算法。其具体策略是并不从整体最优上加以考虑，而是选取某种意义下的局部最优解。当然使用贪心算法时，要使得到的结果也是整体最优的。

- 分治、构造等。分治就是把问题分成若干子问题，然后"分而治之"；构造是指按照一定的规则产生解决问题的方法。这两种算法都是在合理地分析题目后，通过一定的规律性推导来解决问题。可以认为快速排序利用了分治法。

可以说，算法是人工智能中很重要的组成部分。

接下来，再来谈一下算法与芯片的关系。

由于芯片产业属于产业链非常长的产业，但如果仅聚焦人工智能领域的芯片，就会简化很多。将特定优化的算法植入某种芯片的设计中，确定该种芯片的功能和用途，并找到有相关需求的客户，就可以开始芯片行业的创业。依托国家全产业链的优势，投资者甚至不用操心寻找流片封装等下游企业的问题，而仅依靠商务沟通来购买芯片相关的产品或者服务就可以实现盈利。这也是目前国内芯片类创业企业的整体生态。虽然门槛比较高、竞争者实力强大，但是低端芯片的竞争者却不多，因此相对而言，创业没有那么艰难。当然是否适合在该领域进行创业是仁者见仁、智者见智的问题。

2.2.6 创新的内在逻辑

通过分析软件工程与各种垂直领域结合的创新模式，我们可以归纳出更深层的规律，如图2-1所示，从一个领域进行扩展，可以得到各种新的思路。

以上并未列出所有可进行创新或创业的领域，只是尝试通过一些示例来说明并归纳目前软件工程与垂直领域相结合的各种创新方法以及相关的创业。由于垂直领域数不胜数，本节仅对垂直领域进行抽象，提取其共性的内容，进行归类后再与软件工程相结合，形成某一个角度的结论，希望对广大读者有所帮助。但更重要的是，这种分析问题并解决问题的方法或者说方法论，在创新、创业的过程中扮演着非常重要的角色。本书后续章节中会继续就方法论的问题进行探讨，因为只有在方法论上有所成就，才能在各个领域中有所创新。

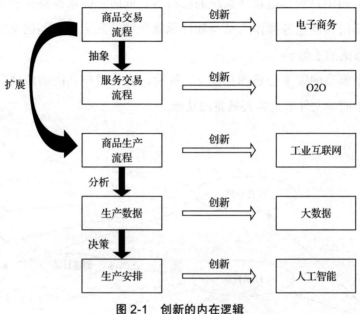

图 2-1 创新的内在逻辑

2.3 软件工程的需求分析

软件工程中的需求分析是指了解软件用户的需求是什么，也就是解决"做什么"的问题，其目标是形成一份用户认可并且开发方和使用方达成一致的需求规格说明书。需求分析包括业务需求、用户需求和功能需求三个层次。业务需求表示组织或客户高层次的目标，通常来自项目投资人、购买产品的客户、实际用户的管理者、市场营销或产品策划部门等，它反映了组织或客户需要开发什么样的系统，希望达到的目标；用户需求描述用户要求系统必须完成的任务，即用户能使用系统来做些什么，可以通过用例、场景描述和事件响应表等来描述；功能需求充分描述了软件系统所应具有的外部行为，即必须在软件产品中实现的软件功能，有时也被称为行为需求。

可通过需求规格说明书来准确、清晰地描述上述需求分析中包含的各层次需求，包括所有的业务工作流程、数据流转、统计的要求、应用的范围以及面向用户和其他软件系统的接口等。同时，需求规格说明书也能加强业务部门具体业务操作人员与软件承建单位开发人员之间的交流，加深大家对系统的了解。

一个典型的需求分析图如图 2-2 所示，它从用户功能的角度形象地描述了一个简单文件系统需要具备的功能。

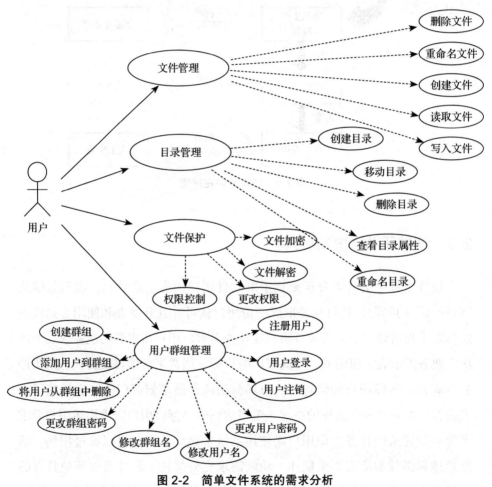

图 2-2 简单文件系统的需求分析

总体而言，整个系统分为用户群组管理、文件管理、目录管理、文件保护四大部分。

文件管理和目录管理是文件系统的基本功能,用户使用文件系统可以完成创建文件、删除文件、读写文件、重命名文件以及创建目录、删除目录、移动目录、重命名目录、查看目录属性等任务,每一项操作都对应一条常用的文件系统操作命令。

文件保护包括文件访问权限控制和文件加解密两部分。访问权限控制与用户群组管理息息相关,文件的访问权限从高到低依次为:文件的所有者、文件所有者所在群组内的其他用户、文件所有者所在群组之外的用户。这三类人对应三种不同的初始权限,包括读、写等操作。文件的访问权限也应当被允许更改以进一步共享和保护文件,文件的所有者可以通过输入命令更改其他人对文件的访问权限。

用户群组管理包括注册用户、用户登录、用户注销、创建群组、添加/删除群组内用户、更改用户/群组密码、更改用户/群组名等功能。添加/删除群组内用户是实现用户群组管理的核心功能。此外,每一个用户/群组都有相应的 ID 作为独特标识符。无论对它们执行何种操作,其 ID 都不会改变。

2.3.1 需求分析的难点

如果在需求分析阶段没有正确并充分地了解用户的各种需求,会导致最终开发出来的系统不能满足用户的要求,用户拒绝接受而需要重新开发,这也会浪费软件开发过程中投入的大量人力、物力等资源。因此,需求分析阶段是软件工程中的一个关键过程,具有举足轻重的地位。

虽然越来越多的人认识到需求分析的重要性,但作为软件生命周期中唯一需要开发者与用户打交道的阶段,需求分析具有很大的难度,主要存在以下几个问题。

(1)用户与开发人员之间的沟通

由于在需求分析阶段要明确"做什么",用户往往对要实现的软件系统没有清晰明确的思路，需要开发人员帮他们去想，并且由于用户不了解计算机和软件系统的相关知识，因此在表达时只能用自己的业务术语来描述，不能用计算机软件相关的术语来表达，而软件开发人员对用户的业务领域不熟悉，难以在短时间内掌握其业务活动和环境，所以双方在对系统需求进行沟通时，相互之间难以理解，并且在认识上也容易出现偏差。

（2）用户需求不断变化

对于一个大型复杂的软件系统，用户往往很难在最开始完整而准确地给出系统的功能和性能要求，只能给出一个粗略的描述，随着软件开发人员对系统进行初步设计、构建系统模型并实现部分功能后，用户通过原型系统等才会逐渐明确自己的需求，并且也会随着对软件系统的了解和业务水平的提高不断产生新的想法，提出需求变更，这种不断变化的需求会给软件开发带来很大的难度。

2.3.2 需求分析的方法

需求分析方法有很多，这里以最常用的原型化方法为例来进行介绍。

原型化方法是指用最简单、最快速的方法生成软件的一个可运行版本，该版本实现了目标系统的基本功能，但在细节和性能等方面还存在不足。构造原型系统的目的主要是提供一个基本的系统轮廓以验证对用户需求的理解是否正确，或者考察系统实现的可行性，之后的系统开发就可以按照原型系统的方案来细化和加强。

原型化方法有两种不同的策略：废弃策略和追加策略。废弃策略是指先构造一个功能简单但不完善的模型系统，并对这个系统不断修改和补充，根据该系统再设计出较为理想的最终系统，新系统构造完成后，废弃原来的模型系统。而追加策略是指先构造一个功能简单但不完善的模型系统，并将此系统作为最终系统的核心部分，不断扩展和补充，逐步完善，最终将其实现为最终系统。

为帮助系统分析和开发人员设计和实现真正满足用户需求并达到用户

期望的优秀软件，下面介绍一些比较典型的实施方法。

1）分析人员要依靠用户讲解业务概念及术语来了解问题和目标，但用户不能指望分析人员成为该领域的专家，不要期望分析人员能把握用户业务的细微和潜在之处，除了语言或文本的沟通和交流，用户还可以邀请分析人员观察组织的工作流程或者熟悉旧的业务系统，帮助分析人员尽快了解公司的业务过程。

2）用户要尽量阐述清楚每项需求的内容，以便分析人员能准确地将它们写入"软件需求分析报告"，如果用户不能准确阐述，分析和开发人员可以通过开发原型系统等方法来展现客户需求，反复修改，不断完善需求定义。而分析人员也要用用户易于理解的方式来编写需求分析报告，以体现他们所理解的业务需求及规范、功能需求、质量目标、解决方法和其他信息等。给需要进一步讨论、分析或增加信息的地方加上"待定"标志是一个不错的方法。

3）需求分析报告需要交给用户进行评审，在确保报告内容准确且完整地表达用户需求的同时，分析人员还可以对需求及系统实现提出建议和改进方法，以增加一些用户没有考虑到的、具有价值的系统特性，并请用户给出选择和决定。

4）由于很多项目没有足够的时间或资源来实现功能性的每个细节，因此用户需要决定哪些特性是必要的、哪些功能是重要的，也就是确定需求的优先级，然后由开发人员根据优先级提供需求的花费和风险等信息。在有时间和资源等限制的情况下，开发人员可依据优先级来缩小项目范围、延长工期、增加资源或在质量上寻找折中。

5）需求通常有一定的灵活性，分析人员如果发现已有的某个软件组件能满足用户描述的需求，则可以向用户建议修改需求以便开发人员降低新系统的开发成本，节省时间，而不必严格按原有的需求说明开发。尤其是在使用已有的但不完全符合原有需求的商用组件时，保持一定程度的需求灵活性就显得更为重要。

6)需求的变更是不可避免的,但在项目开发周期中,变更发生得越晚,其影响越大,特别是在系统总体结构已完成的情况下再增加新功能时,不仅会导致代价极高的返工,也会延误工期。因此客户一旦发现需要变更需求时,应尽早告知系统分析人员,同时,为了将需求变更带来的负面影响降到最低,所有参与者必须遵照项目变更控制过程,对每项变更进行分析和考虑,以确定最终可以实施的变更。

2.4 软件工程的业务建模

如果你获得了一个有商业价值的创新点子,并且找到了不一定非常成熟但能够自洽的商业模式,想要开始你的创新之路,那么摆在你面前的第一步就是进行业务建模。

对于这个概念,具有软件工程专业背景的人可能会马上想到使用有限状态机(Finite State Machine,FSM)的方法。

有限状态机不是简单地为一个对象进行建模,而是对对象的整体行为进行建模,它用来对对象整个生命周期中产生的各种状态进行区分与描述,其中也包括对象由于外界的变化而改变的状态或者响应方式。正是这种清晰、完整的描述方式,使得有限状态机方法在业务建模和分析中大放异彩。

有限状态机对于非软件或计算机专业的人来说会有些晦涩难懂,但通过一个简单的例子就可以理解其含义。例如,在大家对于某件事情做出选择时,往往会考虑如果这么做会产生什么结果,如果那样做又会产生什么结果。也就是说,每个不同的选择和操作都会带来不同的结果,从而使要处理的事情产生不同的状况。这种情形如果用计算机程序来表达,就是各种条件语句(switch/case 或者 if/else)所构成的条件及对应的处理。由此可见,有限状态机能将复杂的需求转化为代码,提高了代码的逻辑性和规整度。

有限状态机包含 4 个要素,即"现态""条件""动作""次态"。这样的归纳,主要是出于对状态机的内在因果关系的考虑。"现态"和"条件"是因,"动作"和"次态"是果,详解如下 [9]。

1)现态:是指当前所处的状态。

2)条件:又称为"事件",当一个"条件"被满足时,将会触发一个"动作",或者执行一次状态的迁移。

3)动作:"条件"被满足后执行的"动作"。"动作"执行完毕后,可以迁移到新的状态,也可以保持原状态。"动作"不是必需的,当"条件"被满足后,也可以不执行任何"动作",直接迁移到新状态。

4)次态:"条件"被满足后要迁往的新状态。"次态"是相对于"现态"而言的,"次态"一旦被激活,就转变成新的"现态"。

图 2-3 所示为用有限状态机描述的账户操作的整个过程。

可以通过一张构造状态表来帮助开发者发现有限状态机所定义的事务流程中"漏态"的问题。表 2-1 就是上述操作流程中的状态表,其中左边是"现态",上边是"次态"。

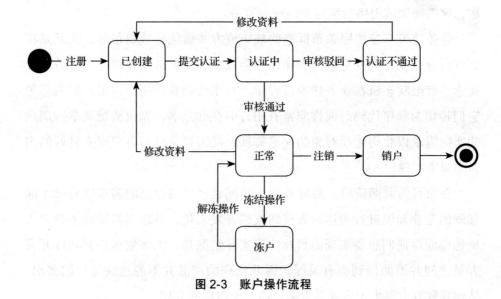

图 2-3 账户操作流程

表 2-1　有限状态机状态表

	已创建	认证中	认证不通过	正常	销户	冻户
已创建	无	提交认证	无	无	无	无
认证中	无	无	审核驳回	审核通过	无	无
认证不通过	修改资料	无	无	无	无	无
正常	修改资料	无	无	无	注销	冻结操作
销户	无	无	无	无	无	无
冻户	无	无	无	解冻操作	无	无

这里需要注意两个关键点。

1）一定要区分动作和状态，动作是有始有终的，一旦执行完毕，任务就结束了，而状态是一个可持续并且一直持续下去的概念，如果没有外部条件或者特定动作的触发，将会一直保持原有状态。

2）有限状态机图在状态变多后，观察起来较为费力。很难看出其中跳转逻辑的错误或者缺失。

因此，通过一张状态表的记录就可以帮助开发人员或测试人员理清整个流程的脉络，直观地看到状态之间的转换以及不可跳转的状态，发现"漏态"问题，并找出逻辑中的不足，从而对相互有关联的部分做到心中有数，这也使测试用例的编写变得较为容易。

业务建模不是按照条条框框的规矩或方法就能完成得很好，尤其是在软件行业，业务的变更甚至重建往往会成为开发人员和客户之间矛盾的导火索。有限状态机在业务建模过程中，对于已经获得用户需求，只需要把它们转化为程序代码时或许非常有用，但在此之前，如何清楚地掌握用户的实际需求以获得建模对象的完整特征，就需要通过与客户建立良好的沟通渠道来实现。

在项目的前期阶段，最常看到的情况是客户将自己的需求以自己才能理解的专业知识进行表达后直接转发给开发人员，并想当然地认为开发人员也能懂得他们想要实现的目标。但实际情况是，大多数客户和软件开发人员之间并不能做到心有灵犀，因此实现的产品并不能达到客户的要求，从而导致双方发生矛盾并会影响当前乃至以后的合作。

由此可见，开发者与客户之间进行有效的沟通是完成业务建模必不可少的前期工作。下面简要介绍一下沟通的方法和技巧。

首先，沟通需要耐心。例如，有一个给某公司开发信息系统的项目，客户没有给出完整的系统功能说明，而是不停地重复一个需求：要实现报表的自动生成。通常，报表生成在一般的信息系统中并不是主要功能，项目经理对于这个项目系统的最终实现毫无头绪，但当其耐心地了解到客户的工作中进行报表处理是占用最长时间的一项工作内容后，格外重视对报表处理的思路，出色地完成了该项目。

其次，沟通重在参与。20 世纪 90 年代引起广泛关注的敏捷开发方法，是一种能应对快速变化需求的软件开发能力，它强调了"现场客户"（on-site customer）的概念，也就是指客户应随时与开发人员在一起，随时提供资料并做出修正与决策，而这个客户是指有权做出决策的领域专家，这样才能真正杜绝无用产品的出现。这种"现场客户"包含两类人员：一类是项目涉众，另一类是行业专家。现在，很多软件公司所配备的管理咨询人员可以算是行业专家。有资料显示，广东省很多软件公司的咨询人员和开发人员的比例达到了 3∶1，这说明大多数软件企业在项目开发过程中都越来越重视行业专家的参与。

最后，沟通必须集中。通常，召开会议是在开展业务建模之前最重要的沟通途径，但需要做如下的准备工作才能得到好的会议效果：

1）做好会议通知。如果开会前参会者不了解会议的内容，那么在会议开始的前部分，需要花费较多的时间来说明开会的目的。如果事先将会议的主题、议程连同会议通知发给参会者，他们可以提前做些有关讨论议题方面的准备，则会议召开后不仅能够迅速进入正题，而且对于需要讨论的内容，参会者也能给出更多建设性的意见和建议，可提升会议的效果和质量。

2）邀请尽可能多的参会者。俗话说，"众人拾柴火焰高"。在会议组织条件允许的前提下，参会者越多，则提出的观点、想法和建议就会越多。很多软件公司在讨论项目开发方案时，常常是由开发团队进行汇报，但实际上最为重要的参会者应该是目标客户群体。而现实中目标客户往往不重视该会议，很难全部到场，这就需要会议组织者向目标组织提出郑重说明，阐明利害，同时也积极主动地邀请项目涉众参加，尽全力邀请尽可能多的人来参会。

3）会议分层。邀请到所有项目相关人员到场开会比较难，但与会议议题密切相关的核心人员，例如财务主管、项目主管、核心开发人员等，则要尽量保证他们到场，并为他们安排好座位次序，例如会议的中央位置等。

4）会议发言次序。按照传统，经常是公司领导或者管理者先发言，这样的开场方式往往会让后面发言的人跟着领导的思路来谈自己的看法，从而难以表达个人的真实想法，从而难以获得更加全面、综合的意见和建议。为了避免这种情况的发生，最好按照职务高低安排发言次序，例如安排职务较低的人员先发言，其次是中层人员，最后是高层人员，而开发人员只作为听众，不表达个人观点，或者引导发言者把他们想了解的问题阐述清楚。

5）控制会议时间。据统计，一般两个小时以内的会议不会让参会者产生疲劳感，而有关业务建模前的项目需求讨论会议往往因为内容比较多而需要四五个小时。因此，要保证会议效果，则控制好会议的时间长度很关键。当会议需要讨论的内容较多时，最好把会议分成几个阶段，根据会议的进展来决定每个阶段参加会议的人员，因为会议规模越大，讨论的内容重要性会逐渐降低，所以会议分段以及控制时间也是提高会议召开质量的重要措施之一。

6）避免过多讨论细节和技术问题。由于对项目的实现细节和采用的技术，不同的人会做出不同的考虑和选择，属于"仁者见仁，智者见智"的问题。如果在会议上绵绵不休地讨论这些内容，会议将无法结束并无法做出决断，毕竟在建模之前，需求尚未十分明确，而细节和技术都是在需求确定之后才考虑的问题。如果在建模会议中，负责技术的参会者不停地询问系统的技术架构并提出个人的设计理念，或者开发人员针对某个功能的细节进行询问，会议组织者有必要时及时打断他，否则将导致会议的主题跑偏，并延长会议时间，没有达成会议的最终目标。

7）做好记录。俗话说，好记性不如烂笔头。做好会议记录也是非常关键的。由前面的分析可知，举办一次建模讨论会无论是对于参会人员还是对于会议组织方来说，都是一件费时、费力的事情，会议成本比较高。因此，每次会议都要充分保存会议讨论结果中来自各方面的宝贵经验和建议。因此，安排一个优秀的速记员是非常有必要的。根据研究显示，如果采用录音设备来完成这项工作，会使参会者心存芥蒂而不愿开口，反而影响会议效果，因此不建议在会议记录中采用录音设备。

2.5 软件工程的实现方法

业务建模完成后，接下来进入代码编写阶段，也就是系统实现。由于所开发的软件系统的应用领域和场景不同，因此每个系统在这个阶段的实现需求也不同。

2.5.1 基于"系统"角度的开发方法

基于"系统"角度进行开发可以大致分为两种——复杂系统与简单系统，这里复杂与简单并不是绝对意义上代表代码开发量的多少，而是描述系统需要应对的情况是简单还是复杂，因此不同类型的系统开发的特性也不一样，如图2-4所示。

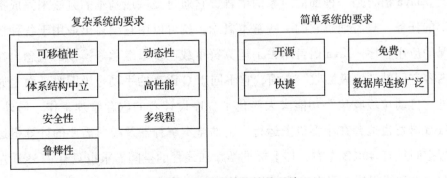

图 2-4 复杂系统与简单系统

复杂系统的生命周期更长，与其他系统有更多的对接，复杂系统上管理的数据内容更加重要、安全性要求更高、访问并发数更大，因此往往使用 Java 开发该系统。复杂系统包括银行系统、政务系统、大型网上商城、工业互联网等。与之对应的简单系统，要求开发周期短、成本便宜，能够满足简单的用户需求，通常使用 PHP 语言进行开发该系统，例如小型网上商城、数据的展示、介绍页面等。接下来分别对这两类系统的开发做更详细的介绍。

1. 复杂系统的开发

目前，在实现复杂系统时所使用的各类编程语言中，首屈一指的当属 Java 语言。

Java 是一种面向对象的高级编程语言，它不仅吸纳了 C++ 编程语言的各种优点，还摒弃了 C++ 语言中难以理解的多继承、指针等概念，因此 Java 语言具有功能强大和简单易用两个特征。Java 语言作为静态面向对象编程语言的代表，极好地实现了面向对象的理论，允许程序员以优雅的思维方式对复杂系统进行编程，从而实现复杂系统的需求。

Java 具有简易性、面向对象、分布式、鲁棒性、安全性、体系结构中立、可移植性、高性能、多线程、动态性等特点[10]。它可以用来编写桌面应用程序、Web 应用程序、分布式系统和嵌入式系统应用程序等。

简易性。首先，这种简易性是相对于 C 或者 C++ 等面向过程语言来说的。Java 语言是一种面向对象的语言，它通过提供最基本的方法来完成指定的任务，只需理解它的一些基本概念，就可以用它编写出适用于各种情况的应用程序。Java 语言略去了运算符重载、多重继承等模糊的概念。在内容空间的"垃圾回收"方面，它不同于 C 语言的手动垃圾回收，而是通过"自动垃圾收集"功能大大简化了程序设计者的内存管理工作。另外，Java 语言也适合在小型机上运行，它的基本解释器及类所需要的计算机运行空间只有 40KB 左右，加上标准类库和线程的空间需求也只有 215KB 左右，库和线程的空间支持需求也只有 215KB 左右。

面向对象。Java 是一门面向对象编程语言，类（class）是数据和操作数据的方法的集合。这样的解释可能不太直观。众所周知，C 语言是一门面向过程的编程语言，它和面向对象的编程语言有什么不同呢？这里可以通过一个简单的例子来说明。以一个人坐车去理发店理发的事件处理过程为例，面向过程的编程语言的处理思路是：理发的人先坐车到理发店，然后再找理发的师傅理发。但面向对象的编程语言的处理过程是：理发的人去理发店的车由车库提供，到理发店后，由理发店提供理发服务。这正是面向对象和面向过程的区别，面向对象先从宏观上对任务进行划分、归类，再让专门的程序负责专门的事情，每个人各司其职，从而思路清晰地完成复杂系统的设计。

分布式。Java 语言的设计主要是支撑网络上的各种应用，它是一种分布式语言。通过它提供的类库可以使用 TCP/IP 协议，用户可以通过 URL 地址在网络上很方便地访问其他对象。Java 语言程序只需要编写一次，就可以在分布在互联网上的千千万万个分布终端上运行。

鲁棒性。Java 语言最早是用来编写消费类家用电子产品软件的语言，所以它被设计成用来实现高可靠性和稳健的软件。Java 语言消除了某些编程错误，使得用它来编写高可靠性的软件较为容易。Java 语言程序在编译和运行时，其环境都要对可能出现的问题进行检查以避免产生错误。可靠性方面最重要的增强之一是 Java 语言的存储模型。Java 语言不支持指针，因此它消除了重写存储和出现错误数据的可能性。同时，它提供"自动垃圾收集"来进行内存管理，防止程序员在管理内存时产生错误。另外，它通过集成的面向对象的例外处理机制，在编译时提示可能出现但未被处理的例外，以帮助程序员正确地进行选择，防止系统崩溃。另外，Java 语言在编译时还使用 try、catch、finally 等语句来捕获类型声明中的许多常见错误，以防止动态运行时不匹配问题的出现。

安全性。Java 语言的存储分配模型是它防御恶意代码的主要方法之一，用于避免在网络以及其他分布环境下的病毒入侵。由于 Java 语言不支持指针，因此一切对内存的访问都必须通过对象的实例变量来实现，这样就能防止程序员使用特洛伊木马等欺骗手段来访问对象的私有成员，同时也避免了指针操作中容易产生的错误。Java语言的编译程序不处理存储安排决策，所以程序员不能通过查看声明去猜测类的实际存储安排。编译后的Java代码中的存储引用在运行时由Java解释程序决定其实际存储地址。

体系结构中立。Java语言的解释器生成与体系结构无关的字节码指令，只要安装了Java运行时系统，Java程序就可在任意处理器上运行。这些字节码指令对应于Java虚拟机中的表示。Java解释器得到字节码后，对它进行转换，使之能够在不同的平台运行。

可移植性。与平台无关的特性使Java语言程序可以方便地移植到网络上的不同机器上运行。同时，Java语言的类库中也提供了对接不同平台的接口，使这些类库可以移植。另外，Java的编译器是由Java语言实现的，Java程序运行时系统由标准C语言实现，这使Java系统本身也具有可移植性。

高性能。Java语言是一种先编译后解释的语言，所以它不如全编译性语言运行速度快。但在有些情况下，性能是很重要的要求，为了达到这种要求，Java设计者制作了"及时"编译程序，该程序能在运行时把Java字节码翻译成特定CPU（中央处理器）的机器代码，实现了全编译。Java字节码格式在设计时考虑到这些"及时"编译程序的需要，所以生成机器代码的过程相当简单，它能产生很好的代码。

多线程。Java语言也是一种多线程的编程语言，它支持多线程的执行（也称为轻便过程）。Java的lang包提供一个线程类（Thread类），它支持开始线程、运行线程、停止线程和检查线程状态等多种方法。多线程机制使应用程序能够并行执行，而且同步机制保证了对共享数据的正确操作。通过使用多线程，程序设计者可以分别用不同的线程完成特定的行为，而不需要采用全局的事件循环机制，这样能很容易地实现网络上的实时交互行为。

动态性。Java语言的设计使它能适应不断发展的环境。在类库中可以自由地加入新的方法和实例变量而不会影响用户程序的执行，并且Java语言通过接口来支持多重继承，这比严格的类继承具有更灵活的方式和扩展性。

下面复杂系统中下载服务的 Java 类图通过 Java 语言的面向对象特性分好类之后，能使服务显得井井有条，如图 2-5 所示。

下面介绍 Java 语言在不同行业和领域的复杂系统中的应用。

（1）金融业的服务器程序

Java 语言在金融业的应用非常广泛，很多第三方交易系统、银行、金融机构都选择使用 Java 语言开发其服务器端的程序，主要是因为 Java 相对其他高级编程语言而言更安全。一些大型跨国投资银行也用 Java 语言来编写前台和后台的电子交易系统、结算和确认系统、数据处理项目以及其他项目。大多数情况下，Java 语言被用于服务器端开发，但多数系统没有任何前端系统，仅仅是从一个服务器（上一级处理）接收到数据处理后发向另一个服务器（下一级处理）。

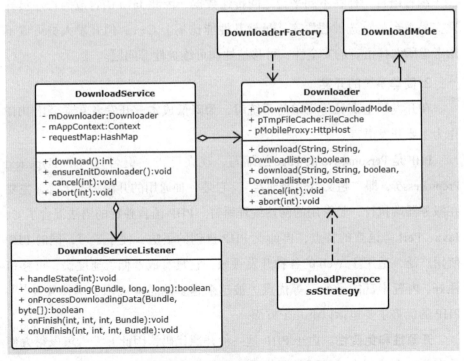

图 2-5　下载服务的 Java 类图

（2）电子商务等网站系统

Java 语言在电子商务以及网站开发领域占据了一席之地。开发人员可以运用许多不同的框架来创建 Web 项目，例如 SpringMVC、Struts2.0 以及 Frameworks。即便是较为简单的 Servlet、JSP 和以 Struts 为基础的网站，在政府项目中也经常会被用到，例如医疗救护、保险、教育、国防以及其他部门的网站等，都是以 Java 语言为基础开发的，较为前沿的 Spring Boot 更是成为目前网站开发行业的主流。

（3）大数据技术

Hadoop 以及很多其他大数据处理技术都是用 Java 语言开发的，例如 Apache 公司基于 Java 的 HBase 和 Accumulo 以及 ElasticSearch 等。

（4）高频交易的空间

由于 Java 平台提供了平台移植特性和即时编译功能，同时，它也能像 C++ 编程语言一样在不同平台之间传递数据，因此 Java 语言成为程序员开发交易平台的首选编程语言，虽然其性能比不上 C++，但开发人员可以不用考虑所选择语言的安全性、可移植性和可维护性等问题。

2. 简单系统的开发

在开发网上商城等简单的系统时，为降低成本，开发者常常会用 PHP 作为主要开发语言。

PHP 是 Personal Home Page 的缩写，现在已正式更名为 PHP: Hypertext Preprocessor，即"超文本预处理器"。它是一种通用的开源脚本语言，主要在服务器端执行，是常用的网站编程语言。PHP 语言独特的语法混合了 C、Java、Perl 等语言的特点，再加上 PHP 自创的语法，便于学习，同时 PHP 使用广泛，适用于 Web 的各种开发领域，它具有成本低、速度快、可移植性好、内置丰富的函数库等优点，被越来越多的企业应用于网站开发[11]。PHP 的优势主要包括以下几个方面。

开源性和免费性。由于 PHP 是一种开源代码，因此开发者可以很方便地在网络上找到自己需要的源代码。和其他技术相比，PHP 语言本身是免费的，同时其运行环境也是免费的，对很多学生或只能低成本开发的人员来说很有吸引力。

快捷性。PHP 也是一种易于学习和使用的语言，它的语法特点类似于 C 语言，但又省去了 C 语言中复杂的地址操作，同时加入了面向对象的概念。再加上它具有简洁的语法规则，因此对它的操作和编辑非常简单，实用性很强。由于 PHP 还可以被嵌入 HTML 语言，而且编辑也较为简单，因此很适合程序开发的初学者。

跨平台性强。由于 PHP 语言是运行在服务器端的脚本语言，因此它可以在多种操作系统平台上进行应用，包括 UNIX、Linux、Windows、Mac OS 等操作系统。

图像处理。一般来说，PHP 可以动态地创建图像，目前 PHP 的图像处理过程为默认的 GD2 库，它也可以被配置为使用 ImageMagick 进行图像处理。

面向过程和面向对象并用。PHP 语言支持面向过程和面向对象两种方法，因此可以将 PHP 的面向过程和面向对象方法结合在一起使用，这也是其他很多编程语言做不到的。在 PHP4、PHP5 版本中，其在面向对象的特性方面做了很大的改进，完全可以用来开发大型的商业程序。

数据库连接的广泛性。PHP 语言可以与很多主流的数据库建立连接，如 MySQL、ODBC、Oracle 等，PHP 是利用编译的不同函数和不同的数据库建立连接的，PHPLIB 就是常用的为一般事务提供的基库。

可植入性强。PHP 语言在补丁漏洞升级过程中，核心部分植入简单易行，且速度快。

拓展性强。PHP 语言在数据库应用系统的开发过程中，可以从数据库中调取各种类型的数据，执行效率高。

正是由于 PHP 语言具有以上特性，因此该语言的所有变量，无论是全局变量还是类的静态成员变量，都是页面级的，都会在页面执行完毕后被清空。早期的 PHP 受到 Perl 语言的影响，带有 out 参数的标准库，面向过程的特性中引入了 C 语言，而面向对象的部分又是参照 C++ 语言和 Java

语言而来的。以上这些问题对于开发复杂的系统来说几乎是致命的，因为一旦出现 bug，后来接手的工程师几乎无法修复，加上其面向对象的处理也不够完善，因此目前来说，PHP 语言只能被用来快速地开发简单系统，而无法胜任复杂系统的实现任务。

随着网络技术的突飞猛进，企业也要与时俱进。只有高度重视并充分利用网络技术，才能在实际运营过程中让网络成为企业发展的助力。作为网站开发的通用语言，与其他常用语言相比，PHP 语言优势明显，它具有较好的可移植性、可靠性以及较高的运行效率。利用 PHP 语言所开发的行业网站，能够实现数据库的实时性更新，同时，网站的日常维护和管理也简单易行，可以提高用户的使用效率，因此 PHP 在当下行业网站建设中独占鳌头，具有良好的应用前景。

PHP 语言在应用过程中，需要开发人员熟练地掌握它，特别是软件版本、特性等诸多环节，否则容易造成冲突，使配置问题难以处理。

2.5.2 基于"数据"角度的开发方法

1. 数据分析

在进行数据分析时，采用 Python 语言或者 R 语言的人比较多，下面分别介绍这两种语言在数据分析领域独有的优势。

Python 语言是一种跨平台的计算机程序设计语言，是一个结合了解释性、编译性、互动性和面向对象的脚本语言。最初它被设计用于编写自动化脚本（shell），随着版本的不断更新和语言中新功能的添加，该语言被越来越多地用于独立的大型项目的开发。

由于 Python 语言本身具有简洁、易读以及可扩展的特点，在国外，用 Python 语言做科学计算的研究机构日益增多，例如，卡梅隆大学的编程基础、麻省理工学院的计算机科学及编程导论课程均采用了 Python 作为范例进行教学。目前，几乎所有人在做科学计算时都默认选择 Python 语言，因此很多开源科学计算软件包都提供了 Python 的调用接口，例如著名的计算机视觉库 OpenCV、三维可视化库 VTK、医学图像处理库 ITK 等。而 Python 语言专用的支持科学计算的扩展库更多，经典的科学计算扩展库有 NumPy、SciPy 和 Matplotlib，它们分别为 Python 提供了快速数组处理、数值运算以及绘图功能。正因为如此，Python 语言目前可以算是数据分析方面的领头羊。

Python 语言在数据分析方面的优势包括以下几点。

1）**简单性**。Python 语言以 C 语言为基础，但是它不包含 C 语言中的指针等复杂的数据类型。Python 语言的定位是"优雅""明确""简单"，所有的 Python 程序看上去都较容易理解。Python 语言最大的优势之一，是其具有伪代码的特质，能够让使用者体会到自己使用 Python 语言编程时是在解决问题，而不是在学习一种程序语言的语法。以打印一个"Hello World"语句为例，用 Python 语言编写时只需要一行代码：print("Hello World")。这看起来直观、易懂。

2）**易学**。作为一门开源语言，Python 拥有众多的维护团队和社区群体，他们提供了大量的具有良好阅读性的 API 和开发文档，为新手的入门学习提供了很好的基础。

3）**免费开源**。对于高级程序员来说，Python 语言开源的解释器和函数库具有强大的吸引力，更重要的是，Python 语言倡导的开源软件的理念也为该语言的发展奠定了坚实的基础。在数据分析领域，开源正成为软件行业的一种发展趋势。很多普遍应用的算法源码都被公之于众且整合到了相关的库中。

4）**高级的编程语言**。Python 作为一门高级语言，也实现了对内存的管理，因此程序员在用 Python 语言编写程序时，不需要考虑底层细节方面的问题，可以专注于数据分析任务。

5）**解释性**。通常，用某一种编程语言实现的程序，从代码编写到运行基本都会经历相同的流程。以用 C 语言编写的程序为例，首先，程序员编写出源文件（*.c），通过编译器处理后，转换为计算机使用的语言，即 0/1

这样的二进制代码,这个过程依靠编译器以及不同的标记、选项来完成。接下来在运行该程序时,需要通过转载器软件将该程序顺利地从硬盘复制到内存,程序才能正常运行。而Python语言的解释器先把源代码转换成称为"字节码"的中间形式,然后把它翻译成计算机使用的二进制机器语言后运行,由于这个过程不再需要编译程序以及通过转载器连接到正确的函数库等,因此Python语言编程的程序运行过程更为简单。当把用Python语言编写的程序放到另一台机器上运行时,只需要将该程序拷贝到另一台计算机上即可,可以说基于Python语言的程序更易于移植。

6)**可移植性**。由于Python语言的开源特性,许多平台已经应用Python语言进行基本的操作系统开发,这些平台包括Linux、Windows、FreeBSD、Macintosh、Solaris、OS/2、Amiga、AROS、AS/400、BeOS、OS/390、z/OS、Palm OS、QNX、VMS、Psion、Acom RISC OS、VxWorks、PlayStation、Sharp Zaurus、Windows CE、PocketPC、Symbian以及Google基于Linux开发的Android平台等。因此,用Python语言编写的程序几乎能够移植到任何应用Python语言的操作系统。

7)**独特的面向对象语法**。之前介绍过,Python语言既支持面向过程的编程,也支持面向对象的编程。在"面向过程"的语言中,程序是由过程或仅仅是由可重用代码的函数构建起来的;而在"面向对象"的语言中,程序是由数据和功能组合而成的对象构建起来的。但Python语言不同于Java语言这样的纯面向对象的静态语言,它的语法有其自身的灵活性和动态性。例如,以下的Java代码:

```
int a=1;
a='helloworld';
```

运行时将会报错,抛出错误,因为不能把字符串赋给整型变量。

但在Python语言中,该代码可以写为:

```
a=123
a='helloworld'
```

在编译时不会报错，因为在 Python 语言中，可以将任意的数据类型赋值给任何变量，而且同一个变量可以被反复赋值，并且可以被赋值为不同类型的数据。在编译时，Python 语言不会检查该对象是否包含被调用的方法或属性，只有到运行阶段才进行检查，到时候操作对象才可能抛出异常。不过，虽然 Python 语言采用动态的数据类型系统，但它同时也是强类型的，Python 语言禁止没有被明确定义的操作，比如数字加字符串的操作。这些 Python 所独有的动态类型系统，能够极大地简化 Python 语言的程序代码。根据统计发现，Python 语言和其他编程语言在实现相同的功能时，其所需要的代码量比其他语言少很多，甚至仅为其他语言程序代码量的十分之一。

8）**可扩展性**。Python 语言的可扩展性体现在它的模块方面。Python 语言具有脚本语言中最为丰富和强大的类库，这些类库覆盖了文件 I/O、GUI、网络编程、数据库访问、文本操作等绝大部分应用场景。Python 语言可扩展性的一个最好的体现是，当需要使一段关键代码运行得更快时，可以先用 C 语言或 C++ 语言进行编写，然后在 Python 程序中使用它们。

9）**Python 数据处理中丰富的库**。Python 之所以能够成为数据分析与挖掘领域的最佳程序语言，是因为其具有独特的优势，即它有很多与该领域相关的库，而且使用效果很好，譬如 NumPy、SciPy、Matplotlib、Pandas、Scikit-Learn、Keras、Gensim 等。

由于数据分析是当前的应用需求热点，不管是机器学习还是深度学习，甚至在日常生活的各种业务中都离不开数据处理，因此本书在这里介绍 Python 语言的核心数据分析库，让大家了解它的主要作用。

（1）Pandas

Pandas 是 Python 语言所包含的一个强大的数据分析工具，包含 Series、DataFrame 等高级数据结构及相关工具，安装 Pandas 后可以使用 Python 语言处理数据时非常快速和简单。

Pandas 是 Python 语言的一个数据分析包，Pandas 最初是为金融数据分析而开发的，因此它提供了很好的时间序列分析方面的支持，另外，它还包含标准的数据模型以及让数据分析变得快速、简单的工具，例如合并流行数据库（如基于 SQL 的数据库）工具、包含带有坐标轴的数据结构来支持自动或明确的数据对齐的工具等，这能防止产生由于数据结构没有对齐或者数据来源不同或索引不同等问题而产生的常见错误，也使 Pandas 更容易处理丢失数据。因此，Pandas 是进行数据清洗或者整理的最好工具。

（2）NumPy

Python 语言本身没有提供数组功能，而 NumPy 可以为其提供数组支持以及相应的高效处理函数，是 Python 语言进行数据分析的基础，也是 SciPy、Pandas 等数据处理和科学计算库最基本的函数功能库，并且它的数据类型对用 Python 进行数据分析十分有用。NumPy 提供了两种基本的对象：ndarray 和 ufunc。ndarray 是存储单一数据类型的多维数组，而 ufunc 是能够对数组进行处理的函数。NumPy 建立了一种快速、高效使用内存的多维数组，提供矢量化数学运算。它不需要使用循环就能对整个数组内的数据进行标准数学运算，因此便于传送数据到用低级语言（C\C++）编写的外部库，同时也便于外部库以 NumPy 数组的形式返回数据。虽然 NumPy 不提供高级数据分析功能，但它可以使用户更加深刻地理解数组和面向数组的计算。

（3）Matplotlib

Matplotlib 是一款强大的数据可视化工具，它基于 NumPy 的一套 Python 包，该包提供了丰富的数据绘图工具，主要用于绘制一些统计图形。它提供了绘制各类可视化图形的命令字库、简单的接口，方便用户轻松掌握图形的格式，绘制各类可视化图形。Matplotlib 是 Python 的一个可视化模块，能方便地生成线条图、饼图、柱状图以及其他专业图形。

使用 Matplotlib 可以定制图表处理的各种需求。它支持所有操作系统中不同的 GUI 后端，并且可以将图形输出为常见的矢量图和图形格式，如 PDF、SVG、JPG、PNG、BMP、GIF 等各种格式。Matplotlib 有一套允许定制各种属性的默认设置，开发者可以控制 Matplotlib 中的每一个默认属性，包括图像大小、每英寸点数、线宽、色彩和样式、子图、坐标轴、网格属性、文字和文字属性等。通过 Matplotlib 实现数据绘图，可以将枯燥的数字转化成更为直观的各类图表。

（4）SciPy

SciPy 是一组专门解决科学计算中各种标准问题域的包的集合，包含的功能有最优化、线性代数、积分、插值、拟合、特殊函数、快速傅里叶变换、信号处理和图像处理、常微分方程求解和其他科学与工程中常用的计算等，这些对数据分析和挖掘十分有用。SciPy 依赖于 NumPy，并提供许多对用户友好的和有效的数值例程，如数值积分和优化。

由于 Python 拥有 Matlab 一样强大的数值计算工具包 NumPy、绘图工具包 Matplotlib，以及科学计算工具包 SciPy，因此 Python 语言能够直接处理数据。它包含的 Pandas 可以像 SQL 那样对数据进行直接访问，Matplotlib 能够对数据和结果进行可视化，从而可使用户快速理解数据，Scikit-Learn 则提供了机器学习算法的支持，Theano 提供了深度学习框架（还可以使用 CPU 加速）等。

（5）Keras

Keras 是一个支持深度学习的库，它以 Theano 为基础，同时利用了 NumPy 和 SciPy。利用它可以搭建普通的神经网络和各种深度学习模型，如语言处理、图像识别、自编码器、循环神经网络、递归审计网络、卷积神经网络等。

（6）Scikit-Learn

Scikit-Learn 是 Python 语言中常用的机器学习工具包，它基于 BSD 开源许可证，提供了完善的机器学习工具箱，支持数据预处理、分类、回归、聚类、预测和模型分析等强大机器学习库。Scikit-Learn 的安装需要 NumPy、SciPy、Matplotlib 等模块，Scikit-Learn 主要包括 6 个功能：分类、回归、聚类、数据降维、模型选择、数据预处理。

Scikit-Learn 自带一些经典的数据集，比如用于分类的 iris 和 digits 数据集,还有用于回归分析的 boston house prices 数据集。该数据集是一种字典结构,数据存储在 .data 成员中,输出标签存储在 .target 成员中。Scikit-Learn 建立在 SciPy 之上,提供了一套常用的机器学习算法,通过一个统一的接口来使用,Scikit-Learn 有助于在数据集上实现流行的算法。

Scikit-Learn 还有一些库,比如用于自然语言处理的 NlTK、用于网站数据抓取的 Scrapy、用于网络挖掘的 Pattern、用于深度学习的 Theano 等。

(7) Scrapy

Scrapy 是专门为爬虫而生的工具,具有 URL 读取、HTML 解析、存储数据等功能,可以使用 Twisted 异步网络库来处理网络通信。它能提供清晰的架构,并且包含各种中间件接口,可以灵活地完成各种需求。

(8) Gensim

Gensim 是用来做文本主题模型的库,常用于处理语言方面的任务,支持 TF-IDF、LSA、LDA 和 Word2Vec 等多种主题模型算法,也支持流式训练,同时还提供诸如相似度计算、信息检索等常用任务的 API 接口。

与 Python 语言一起被称为"数据分析语言双雄"的另一种编程语言是 R 语言。R 语言主要用于统计分析、绘图和操作环境。R 语言是属于 GNU 系统的一款自由、免费、开放源码的语言工具,用于统计计算和统计制图。

R 语言不同于其他编程语言的特点在于,它不仅为编程而生,还有很多的领域统计资源。目前 R 语言的官方网站上已经有 2400 多个程序包,涵盖基础统计学、社会学、经济学、生态学、空间分析、系统发育分析、生物信息学等诸多方面。比起其他的编程语言,它更像一个贴合大众需求的软件工具箱,它本身也是一个能执行 S 语言的软件且源代码完全公开免费,因此它正变得越来越流行。

R 语言的特点包括以下几个方面 [12]。

1) **自由软件**。R 语言提供了一个开源、免费的平台,在它的官方网站上可以得到有关 R 语言的绝大部分资料。对比同类型的软件,如 SAS、SPLUS 等,它们昂贵的价格让很多人退避三舍,而 R 语言的安装程序、源代码、程序包及其源代码、文档资料都详细地提供在官方网站上,安装文件可以自动完成基本统计函数和模块的整合,即安装即用。

2)**可编程**。R语言作为一种编程语言,和其他编程语言一样,使用者可以自行编制函数库来进行扩展,这体现了编程语言的可扩展性,而SPSS和SAS作为大型软件,却无法做到频繁更新,因此在对最新算法的更新和支持方面无法跟上R语言的速度[12]。

3)**标准的包执行流程**。为防止用户杂乱无章地使用函数和模块,如同Python的import操作,R语言也要求任何函数和模块必须先载入程序,然后才能使用其功能。

4)**互动性**。R语言具有很强的互动性。它的输入和输出都是在同一个窗口进行的,图形输出除外。用户的输入如果出现语法错误,系统会立刻在窗口中进行提示,同时,对以往输入的命令还具有记忆功能,可以随时再现、编辑和修改命令以满足用户的需要。输出的图形可以直接保存为JPG、BMP、PNG等图片格式,还可以直接保存为PDF文件。另外,和其他编程语言一样,R语言也提供了与数据库的良好接口。

总而言之,R语言胜在免费、开源,使用者众多,具有一个不断壮大的用户社区,资源丰富,涉猎广泛,涵盖多学科领域等。R语言最好的功能是画图,它包含ggplot2、plotly、shiny、ggmap等模块,用起来很方便。例如,ggplot2支持静态图、plotly支持交互图、shiny支持用网页交互、ggmap支持地图类的可视化轻量图。

2. 大规模数据处理

对于大规模数据处理的应用,本书并不推荐没有ToB(面向企业客户)项目经验的读者进行这方面的创新,如果某些创业者有比较好的ToB创业资源,且资金充沛,则一方面要掌握复杂的IT架构,另一方面要了解一些典型的开源项目,例如Hadoop、YARN、ZooKeeper、Spark、Hive、Impala、Kafka、Parquet、Presto、Kudu、Storm、Flink、ElasticSearch、TensorFlow、Hbase等,下面对这些开源项目进行简单的介绍。

(1) Hadoop

Hadoop 是一个开源软件框架，可安装在一个商用机器集群中，这些机器之间可彼此通信和协同工作，以高度分布式的方式共享存储空间和处理海量数据。

Hadoop 是一个数据管理系统，作为数据分析的核心，它汇聚了大量的结构化和非结构化数据，这些数据来源于传统企业数据栈的每一层。

Hadoop 也是一个大规模并行处理框架，拥有超级计算能力，致力于推动企业级应用的执行。Hadoop 也是一个开源社区，主要为解决大数据的问题提供工具和软件。

(2) YARN

YARN 是第二代 Hadoop 计算平台，是一个完全重写的 Hadoop 集群架构。在 YARN 架构中，一个全局资源管理器（Resource Manager）以后台进程的形式运行，它通常在专用机器上运行，在各种竞争的应用程序之间仲裁可用的集群资源。与第一版 Hadoop 中经典的 MapReduce 引擎相比，YARN 在可伸缩性、效率和灵活性上具有明显的优势。

(3) ZooKeeper

ZooKeeper，从字面上理解就是动物管理员，Hadoop 生态圈中的很多开源项目都使用动物命名，那么需要一个管理员来管理这些"动物"。在集群的管理中，ZooKeeper 扮演着一个非常重要的角色，负责协调分布式应用程序的工作。

ZooKeeper 管理集群会选举一个 Leader 节点（可参考 FastLeader 选举算法，即快速选举 Leader 节点）来负责整个 ZooKeeper 集群的运行管理，Follower 负责管理具体的数据存储与读取。

ZooKeeper 主要提供四个功能，即统一命名服务、配置管理、集群管理、共享锁和队列管理，用于高效地管理集群的运行。

(4) Spark

Spark 是一种使用 Scala 语言实现的开源计算框架，为集群计算中的特定类型的工作负载而设计，它引进了内存集群计算的概念，可在内存集群计算中将数据集缓存在内存中，以缩短访问延迟。

Spark 引进了名为"弹性分布式数据集"（RDD）的抽象，RDD 是分布在一组节点中的只读对象集合。这些集合是弹性的，如果数据集的一部分丢失可以对它们进行重建。

（5）Hive

Hive 是一个将数据结构映射到存储的数据中，并通过 SQL 对大规模分布式存储数据进行读、写、管理的数据仓库系统。Hive 被认为是第一个支持 SQL-on-Hadoop 的系统。这个开源数据仓库解决方案构建于 Hadoop 平台之上。它支持熟悉的关系数据库概念，比如表、列和分区，包含对非结构化数据的 SQL 支持。Hive 不是为了获得低延时的、实时或者近乎实时的查询而开发的，由于 SQL 查询需要被转化成 MapReduce，这意味着与传统的 RDBMS 相比，Hive 对于某种查询来说性能可能较低。

Hive 是一个强大的工具。它使用 HDFS、元数据存储（默认情况下是一个 Apache Derby 数据库）、Shell 命令、驱动器、编译器和执行引擎。它还支持 Java 数据库（JDBC）的连接。由于其类似 SQL 的能力和类似数据库的功能，它能够为非专业的编程人员打开大数据 Hadoop 生态系统的大门。它还提供了外部的 BI 软件，例如，通过 JDBC 驱动器和 Web 客户端与 Cognos 进行连接。

（6）Impala

Impala 是一个开源的大规模并行处理 SQL 的查询引擎，在 Apache Hadoop 中以原生方式运行，是 Hadoop 生态系统的一部分，并与该生态系统一起共享基础架构（例如元数据、Apache Hive 和 Apache Pig）。Impala 的 SQL 语法与 Hive 高度兼容，并且提供标准的 ODBC 和 JDBC 接口。Impala 本身不提供数据的存储服务，其底层数据可来自 HDFS、Kudu、HBase 甚至亚马逊 S3。Impala 采用内存计算模型，对于分布式 Shuffle，尽可能地利用现代计算机的内存和 CPU 资源。同时，Impala 也有预处理和分析功能，表数据被插入之后可以用 COMPUTE STATS 指令来让 Impala 对行、列数据进行深度分析。

（7）Kafka

Kafka 是一个消息系统，原本开发自 LinkedIn，用作 LinkedIn 的活动流（Activity Stream）和运营数据处理管道（Pipeline）的基础。现在它已被多家公司作为多种类型的数据管道和消息系统使用。活动流数据几乎是所有站点在对其网站使用情况做报表时都要用到的数据中最常规的部分。

Kafka 也是一个基于分布式的消息发布–订阅系统，它被设计成快速的、可扩展的和持久的。与其他消息发布–订阅系统类似，Kafka 在主题中保存消息的信息，即生产者向主题写入数据，消费者从主题读取数据。由于 Kafka 的特性是支持分布式，因此主题（Topic）可以在多个节点上被分区和覆盖。Kafka 以 Topic 方式来组织数据，权限设计也以 Topic 为单位进行管理。Kafka 为实时数据流和大数据存储及分析系统之间构建了一层缓冲带，是当代大数据架构中不可或缺的一环。

（8）Parquet

Parquet 是一种用于 Hadoop 的列式二进制文件格式，此格式对于大规模查询非常高效，是为充分利用以列的方式存储的压缩数据而创建的。Big SQL 适合处理大量数据，所以此数据格式非常有用。

使用 Parquet 的优势如下。

1）更有效的压缩：由于数据是以列的形式存储的，因此能将完全不同的值一起存在内存中，为存储的数据提供了更高的压缩率。

2）减少了 I/O 操作：由于它只须扫描部分列，因此可以减少很多 I/O 操作。

3）编码模式：列式存储在压缩选项外提供了一种高效方式来存储数据。

Parquet 是一种支持嵌套的数据模型，和 Protocol Buffers 的数据模型类似，它的 Schema 就是一个嵌套 message。

(9) Presto

Presto 是一个交互式的查询引擎,提供即席查询服务。Presto 查询引擎是一个 Master-Slave 的架构,由一个 Coordinator 节点、一个 Discovery Server 节点以及多个 Worker 节点组成,Discovery Server 通常内嵌于 Coordinator 节点中。Presto 支持标准的 ANSI SQL,包括复杂查询、聚合(aggregation)、连接(join)和窗口函数(window functions)。作为 Hive 和 Pig(Hive 和 Pig 都通过 MapReduce 的管道流来完成 HDFS 数据的查询)的替代者,Presto 本身并不存储数据,但是可以接入多种数据源,并且支持跨数据源的级联查询。

(10) Kudu

Kudu 是一款开源的存储引擎,可以同时提供低延迟的随机读写和高效的数据分析能力,支持水平扩展,并使用 Raft 协议进行一致性保证。Kudu 的出现是为了解决实时数据查询与 Impala/Parquet 缓慢的数据格式转换间的配速问题。

Kudu 不但提供行级的插入、更新、删除 API,也提供了接近 Parquet 性能的批量扫描操作。使用同一份存储,既可以进行随机读写,也可以满足数据分析的要求。

(11) Storm

Storm 是一种侧重于极低延迟的流处理框架,也是要求近实时处理工作负载的最佳选择。该技术可处理大量的数据,与其他解决方案相比,它通过更低的延迟提供结果。Storm 实现了一种数据流模型,其中数据持续地流经一个转换实体网络。一个数据流的抽象称为一个流,这是一个无限的元组序列。元组就像一种使用一些附加的序列化代码来表示标准数据类型或用户定义类型的结构,每个流由一个唯一的 ID 定义,流类似于水壶的"喷嘴","喷嘴"将数据从外部来源流入 Storm 拓扑结构中。

相比基于传统方案实现的数据分析处理系统,Storm 在效率、实时性、可伸缩性和可用性方面都具有更大的优势。使用 Storm 提供的框架来编写实时数据处理应用，可大大降低开发和部署的复杂度。

（12）Flink

Flink 是一种可以处理批处理任务的流处理框架，该技术可将批处理数据视作具备有限边界的数据流，借此将批处理任务作为流处理的子集加以处理。Flink 的流处理模型在处理传入数据时，会将每一项视为真正的数据流，它提供的 DataStream API 可用于处理源源不断的数据流，因此，Flink 是一套集高吞吐、低延迟、高性能三者于一身的分布式流式数据处理框架，它能很好地与其他组件配合使用。如果配合 Hadoop 堆栈一起使用，它可以很好地融入整个环境，在任何时候都只占用较小的必需资源。

（13）Elasticsearch

Elasticsearch 是一个分布式的搜索服务，它提供 Restful API，底层基于 Lucene，采用多 shard 的方式保证数据安全，并且提供自动 Resharding 的功能，像 GitHub 等大型站点也采用 Elasticsearch 作为其搜索服务。

在网站系统中，全文搜索属于最常见的功能，开源的 Elasticsearch 是目前实现全文搜索引擎的首选。Elasticsearch 可以快速地存储、搜索和分析海量数据，它作为数据搜索领域的佼佼者，可以为企业应用提供强大的全文检索功能。

（14）TensorFlow

TensorFlow 是谷歌大脑的第二代机器学习系统，最初由 Google 大脑小组（隶属于 Google 机器智能研究机构）的研究员和工程师们开发，用于机器学习和深度神经网络方面的研究，但该系统的通用性使其可广泛用于其他计算领域。

TensorFlow 是一个采用数据流图（Data Flow Graph）、用于数值计算的开源软件库。数据流图用节点（node）和线（edge）的有向图来描述数学计算，其中，节点在图中表示数学操作，图中的线则表示节点间相互联系的多维数据数组，即张量（tensor）。它提供的灵活架构可以让用户在多种平台上展开计算。

(15) HBase

HBase 数据库是一个基于分布式的、面向列的，主要用于非结构化数据存储的开源数据库。其设计思路来源于 Google 的非开源数据库 BigTable。HDFS 为 HBase 提供底层存储支持，MapReduce 为其提供计算能力，ZooKeeper 则为其提供协调服务和 failover（失效转移的备份操作）机制。Pig 和 Hive 为 HBase 提供高层语言支持，使其可以进行数据统计（可实现多表连接等），Sqoop 则为其提供 RDBMS 数据导入功能。

HBase 为大数据而生，它有以下几个特点。①LSM 树：离线导入效率高、实时写入吞吐量大、增量导入隔离性强。②伸缩性强。③TTL：数据具有时效性，系统提供自动处理、时效性的个性化设置。④多版本：数据的第三维度、高效删除方式。⑤动态列：数据发散的利器。⑥协处理器：数据校正、高效适应个性化。⑦异构介质存储：同时满足数据存储的海量、实时、性价比这三个主要指标。

参考文献

[1] 季晓宇. 软件工程的历史与发展趋势研究 [J]. 网络世界，2014(15)：22.
[2] 软件工程的发展史. 百度文库 [EB/OL].https://wenku.baidu.com/view/28fb2680854769eae009581b6bd97f192279bfe5.html.
[3] 梅宏，金芝，郝丹. 软件学科发展回顾特刊前言 [J]. 软件学报，2019，30(1)：1-2.
[4] 王少锋，王克宏. 电子商务技术的发展与研究 [J]. 计算机工程与应用，2000(4)：40-42.
[5] 池宁. 我国 O2O 电子商务模式应用实践及未来发展趋势 [J]. 商业时代，2014(10)：73-74.
[6] 胡晶. 工业互联网、工业 4.0 和"两化"深度融合的比较研究 [J]. 学术交流，2015(1)：151-158.
[7] 贾海波. 浅析大数据时代的企业财务管理 [J]. 财务与会计，2014(9)：36.
[8] 陈康，郑纬民. 云计算：系统实例与研究现状 [J]. 软件学报，2009(5)：1337-1348.
[9] 张俊. 状态机思路在单片机程序设计中的应用 [J]. 今日电子，2009(2)：37-39.

[10] 明日科技. Java 从入门到精通 [M]. 3 版. 北京：清华大学出版社，2014.
[11] 韦永凯. 论 PHP 的优点与缺点 [J]. 魅力中国，2018.
[12] 杨中庆. 基于 R 语言的空间统计分析研究与应用 [D]. 暨南大学，2006.

习题

1. 软件工程与垂直领域结合的创新可以分为几类？电子商务是哪个垂直领域与软件工程的结合？
2. O2O 是哪个领域与软件工程的结合？
3. 物联网、工业互联网是哪个领域与软件工程的结合？
4. 大数据与人工智能领域或许并不适合大学生（尤其是本科生）创业，你认为其中的原因是什么。
5. 具体的创新、创业项目为什么都需要首先进行业务建模？业务建模最常用的方法是什么？

思考题

复习 2.5 节的实现方法，并尝试回答以下问题。

1. 假如你接到一个项目，要求：建设一个针对本学院的本科生毕业设计的选题系统，学院中有学生 200 人、教师 20 人，教师能够发布课题，学生能够选择课题，需要在两周内完成第一个版本。你会选择使用哪种计算机语言？怎样进行设计和实现？
2. 假如你接到一个项目，要求建设一个针对大学城内 10 万名学生和教职工的二手交易平台，注册的学生和教师能够发布并浏览二手物品，非注册用户只能浏览不能发布，该项目可能要跟各种支付平台对接。你会选择哪种计算机语言进行设计和实现？
3. 假如你接到一个项目，要求建设一个图片分析系统，其中包含三万张医院的 X 光图片，需要支持科研人员使用 SVM（支持向量机）、K-Means（K 均值）、CNN（卷积神经网络）、RNN（循环神经网络）等常用算法，同时操作的科研人员不超过 10 个。你会选择哪种计算机语言进行设计和实现？
4. 假如你参与一个项目，要求对疫情期间特定人员的流动轨迹进行分析，需要对接运营商数据、GPS 数据、摄像头数据，数据的条数将稳步增长，初始预设为 1000 亿条。为了更好地参与项目，你会准备开始学习哪些开源架构和哪种数据库？

第 3 章

软件工程创业及程序员分类

本书在第 1 章中描述了创新和创业的概念,在第 2 章对软件工程创新进行了阐述,接下来,本章将对创新型程序员和创业型程序员进行介绍。这里包括几个方面的问题,例如:创新和创业的差别究竟有多大?创新和创业对人的素质,尤其是对程序员的素质有哪些具体要求?通过本章内容的学习,希望读者可以判断什么才是适合自己的有效创业路径。

3.1 创新与创业的差别

人们经常把"创新"和"创业"两个词放到一起,以至于它们快要变成一个词了。实际上,在传统的语境中,"创新"和"创业"两者的差别非常大,它们之间的关系也很复杂。

如果是单纯的"创业",有可能并不需要"创新",比如开一个便利店或餐馆,或者开个贸易公司,这些都算创业,但与创新的关系不大。本书不重点讨论这种情况,并不是因为这种类型的创业太简单,恰恰相反,是由于较低的门槛和不错的收益,导致这类创业的竞争非常激烈,是"红海"中的"红海"[1]。

这里讲的"红海"和与之对应的"蓝海",是创业界很有名的概念,其中"红海"指的是处于完全竞争状态下的市场,该市场中主要竞争手段为价格战和低成本战略,就像在战场中拼杀,看哪一方先倒下,所以叫作

"红海"。而蓝色象征和平与安宁，因此竞争不激烈或者无人竞争，甚至还没有被发现的市场空间被称作"蓝海"。显然，在"蓝海"中比较容易创造高额的利润，而在"红海"中的价格战和服务战会压缩利润。

下面通过"共享单车"的例子来说明"红海"和"蓝海"的区别。

刚开始，创业者抓住传统公共租赁单车的几大痛点，利用先进的移动互联网技术创办了更加便捷的共享单车。共享单车有以下优点：无固定停放地点，可随用随取，用完即停，押金和使用费用直接通过微信、支付宝转账，GPS定位便于用户寻找车辆。这一市场一开始是由摩拜单车和ofo两家公司找到的，民营资本最初进入时，这一行业还是一片未知的蓝海，市场大小、盈利模式、用户认可度等都不明晰。随着资本的不断进入，行业迅速发展。绿色的出行方式不但获得了用户的认可，也得到了政府的提倡，既低碳环保又方便快捷，也缓解了城市交通的拥堵。但伴随着市场认可度的提升，资本的极力追捧，共享单车行业从蓝海时代进入红海时代[2]。在资本的反刺激下，从2016年起，酷骑单车、小蓝单车、小白单车等近三十个品牌的共享单车蜂拥而起。共享单车仿佛还没等到春暖花开就一步跨入炎炎盛夏。正当人们为共享单车便利、环保的出行方式喝彩时，共享单车行业已由百家争鸣的春秋盛世进入了烽烟四起的战国时代。一方面，为了最大限度地抢占市场，各品牌持续增加单车数量和投放区域；另一方面，为了争夺客源，各品牌采取各种优惠策略吸引用户使用，一开始共享单车企业还以各种节日为借口提供免费单车，而后来免费几乎成为常态。没有人关注经济活动投入产出的基本规律，资本、单车、用户都疯狂置身其中，不能自拔。在"疯狂"单车的光环下，共享单车的问题也悄然而至：各地的多个品牌共享单车遭到人为破坏；单车无序停放，占据了道路、车站等公共区域，原本服务人们出行的工具变成公共交通的最大障碍；等等。当所有外部问题尽显无余的时候，各品牌企业内部也相继出现问题。看似光鲜的共享单车市场的所有商业和运营行为几乎没有盈利能力，数量不菲的押金早已被移为他用，唯一支撑市场的就是品牌背后的不断输血。但输血只是暂时的，自身造血才是长治久安的根本所在。也就是回归商业行为的本源，要正常运营，要盈利。但似乎所有品牌都在找资本，找新鲜血液。此时的资本市场似乎也到了强弩之末，逐渐冷静下来之后，有的企业坐等观望，有的企业悄然退出，各品牌单车纷纷从门庭若市变成了门可罗雀。共享单车经济从强势出现到奄奄一息，只经历了短短几年的时间，有如海中巨浪裹挟着资本汹涌而至，而后又悄然退去，只留下一片狼藉[3]。

通过上面的例子可以了解到，绝大部分企业都希望自己在蓝海当中，即使身处红海的企业，也要想方设法找机会进入蓝海，其中的契机就是创新。因此，可以把"创新创业"进一步表述为"基于创新的创业"，这种创业与普通的创业不同，一开始就对准蓝海市场，而不是挤进红海市场拼杀，依靠创新得到的先发优势占据市场，等其他企业逐渐跟进使蓝海转为红海的时候，再继续创新，找到新的蓝海，从而立于不败之地。

那么"基于创新的创业"（本书后面提到的"创业"的概念都是指"基于创新的创业"）和"创新"之间的差别到底有多大呢？可以打一个简单的比方：假如创新是一台发动机，创业就是一辆汽车，虽然发动机是汽车的核心部件，但一台发动机距离一辆汽车还差一整条产业链。创新和创业的差别，可以从以下几个方面来讨论。

1. 理想和现实的差别

创新很多时候只是一个想法，而创业是一种现实。下面举一个简单而有代表性的例子。有人（尤其是女生）被问到理想的工作时，她们会回答"开一家有特色的咖啡店"或者"在云南丽江之类的地方开一家有特色的民宿"。之所以说"有特色"，是为了强调创新，没有特色的咖啡店和民宿，连讨论的必要都没有。这两种创业的类型听起来很美好，但实际上是很有风险的，至少不属于可以轻易尝试的创业类型。原因是在那些想开咖啡店或者民宿的人的脑海中，其实没有考虑创业所需要关注的重点，与其说这些人希望通过开咖啡店来养活自己，不如说她们主要是憧憬着在午后阳光中静静地坐着品尝一杯咖啡，或者是在绚丽的自然人文风光中过上自己觉得惬意的生活。这种想法将甲方（一般指出资方、消费者）和乙方（一般指工作完成方、服务提供者）混为一体，既希望享受甲方的消费，又希望获得乙方的收入，这样的想法只能称为"梦想"，事实上是很难实现的。因为开一家咖啡店的实际场景是：每天需要很早起床，整理店面，打扫卫生，备好原材料，等待顾客上门；有顾客光临时，需要冲调咖啡、收费、洗杯子、打扫卫生；晚上关店门的时候，需要整理店面、打扫卫生，并对今天的营业情况进行对账和统计等。由此可见，开咖啡店的实际情况并非想象的那么美好，基本上一天都在忙碌中度过，而且打扫卫生是主要工作内容。如果开的是民宿，那么工作内容可以用"一屋不扫，何以扫天下"来形容。这种理想和现实有较大差距的创业类型，确实需要有这类创业想法的人在迈开第一步时考虑清楚。

2. 点和面的差别

创新是点，创业是面。就创新而言，只要有一个点做出了优势和特色，那么整个创新就算是成功的。但对于创业来说，在整个创业面上有一个地方存在短板，就有可能导致整个创业的失败。创业面上的要素有很多，本书将在第 4 章的 4.2 节中进行详细讨论，这里仍然通过共享单车的例子来做简单说明。

共享单车是近几年一个非常经典的创业例子，几乎囊括了本书希望讲解的所有内容，它也是中国互联网风口的一个标志性事件和转折点。在此之前，补贴烧钱占领市场再找盈利点的模式被创业圈奉为圭臬，在此之后，整个创业圈都冷静下来，盈利模式成为逻辑链上最重要的一环。那么，共享单车的特点是什么呢？

第一，毫无疑问，共享单车是一种创新，因为它找到了生产要素的一种新组合，即公共交通"最后一公里"和互联网共享思维的结合，不仅能解决现实生活中的痛点问题，而且费用适中，能被群众普遍接受。

第二，这种创新转化而成的创业在初期取得了巨大的成功，跟风而动的类似模式以及相关的应用 App 也急速增长，在巅峰时期，全国共有几百家共享单车公司，运行的 App 也有很多。

第三，到了全国大范围运营阶段，各家提供共享单车服务的公司开始逐一暴露其推广能力的短板、管理的短板、资金链的短板，最后大多数公司都落了个"白茫茫大地真干净"的结局，初期风头占尽的公司全部失败，站在废墟上重建的两三家共享单车公司才最终维持了商业模式。

通过这个例子可以看到，哪怕是看起来非常成功的创新，在向创业转化的时候也不能保证成功，特别是面临运营推广、管理、资金等初创公司不擅长解决的问题时。由此可见，从创新到创业，中间隔着很长一段路。

3. 自我和公众的差别

创新可以是一种小范围的、不为人所知的活动，这里的"自我"不一定指一个人，也可能是一个公司、一个团队、一个组织。而创业是公众行为，必然会跟市场、政府、上下游厂商等打交道。这方面的典型例子就是特斯拉和爱迪生这两位世界公认的发明家。单以创新而言，特斯拉可以说站在了人类社会的顶端，然而我们课本上出现的发明家都是爱迪生。关于爱迪生和特斯拉的故事，这里只做简略介绍。

与其说爱迪生是一个发明家，不如说他是一个成功的 CEO。他创建了鼎鼎大名的通用电气公司。如果读者仔细观察过波音公司的客机，会在发动机的位置看到一个蓝色的、像草书繁体的"龙"字的符号，那就是通用电气的标志，由英文花体的"GE"字符构成。爱迪生的父亲是商人，母亲是教师，家庭条件优越，因此他受到了良好的教育，并且家庭环境的影响使其有很强的商业头脑。

特斯拉出生在克罗地亚的一个塞族家庭，从小家境贫困，因此没有接受过系统的大学教育。他在 26 岁时才在一家电话公司找到工作。由于他的天赋很高，在工作中很快就崭露头角，雇主于是推荐他去通用电气公司，在那里他遇到了爱迪生。

当时爱迪生以发明电灯而闻名，他也是第一个想到量产与销售的人。

按照本书前面的定义，这就是创新。而故事的另一位主角特斯拉所做的事可以算作广义的创新。

后来特斯拉因与爱迪生在科学理念上有分歧而离开爱迪生的公司，并成立了自己的公司。两家公司展开了"电流"大战，特斯拉力挺交流电，而爱迪生公司的大多数产品都是采用直流电。当然，交流电在远距离传输过程中的低损耗等优良特性使得它最终赢得了胜利，点亮了世界！而特拉斯作为交流电的发明人，如果为该项发明申请专利，他仅靠专利费就能成为世界首富。但特拉斯没有这样做，他毅然地将该发明免费向社会开放，自己却长年经济拮据，但他的公众名望在20世纪90年代上演了"王者归来"，作为一个对人类做出过巨大贡献的工程师，特斯拉名满天下。

这里暂不对这两位名人的做法做出评价，两个人有完全相反的性格，特斯拉是一名名副其实的"极客风"创新者，"硅谷钢铁侠"埃隆·马斯克将自己的新能源汽车命名为特斯拉也是有一定原因的。而爱迪生则是传统意义上非常成功的创业者。读者通过这个例子可以仔细体会"自我"和"公众"的差别。

通过以上分析可以看出，创新与创业之间有很大的差别。软件工程相关领域的从业者也可以据此大致分为创新型人才和创业型人才，这种划分虽然从科学性的角度而言有其局限性，但从公司的人员招聘角度来说，确实可以派上用场。一个软件专业相关的创业公司虽然需要创业型员工，但同时对创新型员工的需求也是不可或缺的，甚至从数量上来说比创业型员工还要多。接下来，本书分别对这两类软件开发人员进行讨论，帮助大家进一步理解。

3.2 对创新型程序员的要求

在讨论完创新和创业的差距之后，本节将通过具体个体来讨论对创新型程序员和创业型程序员的不同要求。

所谓创新型程序员，是指具有一定的专业基础知识和程序开发能力，能出色地完成各种具有不同需求的程序开发任务的程序员，他们与"众包""freelancer"等从业者是有所区别的。"众包"指的是一个公司或机构把过去由员工执行的工作任务，以自由自愿的形式外包给非特定的（而且通常是大型的）大众志愿者的做法（百度百科）。而"freelancer"指自由从业人员，以从事IT行业的人员居多。

互联网的飞速发展给程序员带来更多的就业机会，同时也相应提高了对程序员的要求。如果程序员没有系统的专业基础知识以及一定的程序开发能力，在软件行业竞争日益激烈的当下，会随时面临被淘汰的结局，这也是本书作者不建议非IT行业人员转入IT行业的原因。那么现在的创新型程序员到底需要满足怎样的条件或者要求呢？下面给出若干标准作为必要条件。

3.2.1 具备相关的基础知识

这里的基础知识包括数学、物理、化学等自然科学知识以及历史、经济等社会科学知识，如图3-1所示，这些知识可以从高中和大学的通识教育中获得。学习这些知识的目的是掌握一些常识（common sense），而常识往往是经过长期的知识积累和训练得到的。常识的重要性在于，它可以作为人与人之间进行沟通的基准线，使得大家对常规事物形成一致的认识，从而能够相互理解。

现在的软件开发项目往往需要几个、十几个甚至几十个人合作完成，每一个程序员必须具有与他人进行良好沟通的能力，前提条件就是大家必须能够对一些普遍意义上的知识有相同的认知，这样才能对很多事情达成一致的看法。如果一个程序员对很多一般性的常识不了解，那么他就难以胜任程序员工作。

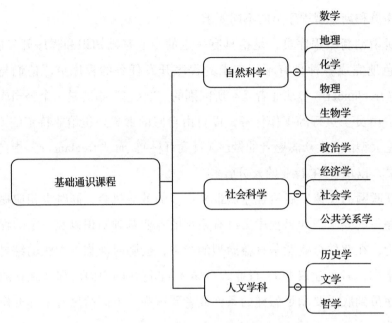

图 3-1 创新、创业相关的基础通识课程

3.2.2 具备系统的专业知识

专业基础知识一般包括高等数学、线性代数、操作系统、数据结构、计算机网络等内容,这些知识往往可以通过接受高等教育来获得,如果由于各种原因没有机会上大学,也可以通过自学来完成。下面简单介绍每门课程的主要知识和作用,以说明为什么要学习这些课程。

1. 高等数学

提到高等数学,很多同学可能会有种说不出的复杂感情,虽然知道这门课程既重要又难学,但却不知道学了以后如何用。那么高等数学的知识到底有什么用处呢?

首先,初等数学是对世界进行简化后的描述,而高等数学则可以描述更为现实的世界,譬如,现实中不存在一条严格意义上的直线,也不存在严格意义上的圆等类似问题。可以说,如果需要解决现实世界中稍微复杂的问题，往往会用到高等数学的相关知识。尤其是在程序员界，如果高等数学没有掌握得很好，那么就很难完成与算法相关的软件开发。目前大家普遍感兴趣的人工智能、大数据、机器学习等都涉及复杂的数学计算方法和数学公式，例如近年来应用非常广泛的卷积神经网络，它的一个有监督学习的公式[4]如式（3-1）所示，公式中用到的偏微分方程对于很多人来说是很难理解的。

$$\omega^l = \omega^{l+1} - \alpha \left(\frac{\partial E}{\partial \omega}\right)_k = \omega^{l+1} - \alpha \left[A^{l+1}\left(\frac{\partial E}{\partial A}\right)_k^{l+1}\right] \qquad (3\text{-}1)$$

由于篇幅所限，其他类似的例子这里不再赘述，可以用一句话来总结高等数学与程序员的关系：能否很好地掌握高等数学知识，决定了程序员能否很好地解决问题。

2. 线性代数

线性代数看起来是一门古老的学科知识，因此很多学生到毕业也不明白为什么要学习这门课程。但提到其中的一个术语——矩阵（Matrix），大家会觉得既熟悉又有"档次"，电影《黑客帝国》的英文名就叫作 The Matrix。电影的背景是未来世界，人们可以生活在计算机运算出来的虚拟世界中。电影的名字之所以叫作 The Matrix，就是因为矩阵是计算机的代表。而线性代数又是一门研究矩阵的学科，由此可见线性代数对于程序员的重要性。

为了更具体地说明线性代数知识的作用，先讨论计算机和人类的差异。虽然，随着人工智能技术的进展，计算机在"思考问题"方面的能力已经越来越向人类靠拢，但是目前还是可以很明确地区分两者的差别。首先，人脑是通过一个个的神经元来实现基本的计算、存储、信息传递等功能的，它是由大量的神经元组成的一个分布式系统。而计算机一般采用冯·诺依曼的体系结构，在它的组成结构中相对严格地区分了计算、存储等功能单元。可以笼统地认为，人脑更适合做联想的、需要"灵感"的工作，而计算机则更适合做枯燥的、繁重的计算类工作。两类工作最大的差异就是矩阵计算，也就是维度的差异。

人类所处的世界决定了人的认知能力适合解决四维空间（三维空间加上时间轴）上的问题，如果读者对此有疑惑，可以参考一个科普类视频——从零维到十维空间[5]，想要深入了解的读者可以阅读丘成桐先生关于高维空间的数学推导的著作，这里摘抄网络上的一段描述："合作证明单连通Kahler流形若有非正截面曲率时必双全纯等价于复欧氏空间，并给Frankel猜想一个解析的证明"。[6]这段描述想要说明的是，对于绝大部分人而言，涉及高维空间的问题都是非常复杂的。而计算机与人类不同，它在处理高维数据方面却"得心应手"，目前一个稍微复杂的软件系统所用到的数据库系统，包含的数据基本上都是几十维的，如图3-2所示。

姓名	性别	学号	班级	宿舍	成绩	…
张三						
李四						
王五						

图 3-2　数据库示例

在上面的数据库表中，列就是维度，省略号表示没有显示出来的维度。计算机在处理这类高维运算时都采用矩阵计算的方式，因此可以说，矩阵从某种意义上代表基于计算机的计算。

此外，在计算机应用的另一个重要领域——图像处理中，矩阵更是发挥着不可替代的作用。图像往往都需要采用卷积的方式来处理，卷积的公式一般如下：

$$\int_{-\infty}^{\infty} f(\tau)g(x-\tau)\mathrm{d}\tau \qquad (3\text{-}2)$$

上述公式是在连续领域内的，如果在离散的领域，就变为如下所示的公式。

$$y(n) = \sum_{i=-\infty}^{\infty} x(i)h(n-i) = x(n) \times h(n) \qquad (3\text{-}3)$$

其中*号表示卷积。

上面的公式并不难懂，学过线性代数的同学都会觉得有些熟悉，它就是线性代数里最常用到的矩阵相乘。例如，矩阵运算中 $C = A \times B$ 可以展开为如式（3-4）所示的式子。

$$\begin{pmatrix} c_{11} & \cdots & c_{1n} \\ \vdots & & \vdots \\ c_{n1} & \cdots & c_{nn} \end{pmatrix} = \begin{pmatrix} a_{11} & \cdots & a_{1n} \\ \vdots & & \vdots \\ a_{n1} & \cdots & a_{nn} \end{pmatrix} \times \begin{pmatrix} b_{11} & \cdots & b_{1n} \\ \vdots & & \vdots \\ b_{n1} & \cdots & b_{nn} \end{pmatrix} \quad (3\text{-}4)$$

其中 $c_{11} = a_{11}*b_{11} + a_{12}*b_{21} + \cdots + a_{1n}*b_{n1} = \sum_{i=1}^{n} a_{1i}*b_{i1}$，与上面的卷积公式类似。更具体地说，处理图像时一般使用模板来处理，而模板用的就是矩阵方块，其数学含义是一种卷积运算。当然，实际处理的时候不能完全套用上面的矩阵相乘公式，而是使用卷积核的公式。

可以将卷积运算看作加权求和的过程，使用的图像区域中的每个像素分别与卷积核（权矩阵）的每个元素对应相乘，所有乘积之和作为区域中心像素的新值。卷积核是卷积时使用的权，用一个矩阵表示，该矩阵是一个权矩阵。

例如，一个 3×3 的像素区域 R 与卷积核 G 的卷积运算如下：

$$r_5 (中心像素) = r_1 g_1 + r_2 g_2 + r_3 g_3 + \cdots + r_9 g_9$$

其中 R 和 G 分别表示如下矩阵：

$$R = \begin{pmatrix} r_1 & r_2 & r_3 \\ r_4 & r_5 & r_6 \\ r_7 & r_8 & r_9 \end{pmatrix} \quad G = \begin{pmatrix} g_1 & g_2 & g_3 \\ g_4 & g_5 & g_6 \\ g_7 & g_8 & g_9 \end{pmatrix}$$

下面再举两个简单的例子，一个是图像处理中的噪点去除，另一个是寻找边界。通俗地说，这两个方法就是Photoshop软件中分别用来进行皮肤光滑处理（譬如去掉脸上的青春痘和斑点）和把人从背景里面抠出来（所谓的"抠图"）的处理，在图像处理方法中分别对应低通滤波和高通滤波。

低通滤波常用的简单模板如下式所示：

$$\frac{1}{9} \times \begin{pmatrix} 1 & 1 & 1 \\ 1 & 1 & 1 \\ 1 & 1 & 1 \end{pmatrix} \qquad (3\text{-}5)$$

这个模板很好理解，表示一幅图像中心点的值等于周围点的平均值，换句话说，如果一张脸上有青春痘，则这个点的值跟周围相差太远，可以用周围的皮肤颜色平均值盖住这个点。

高通滤波常用的简单模板如下式所示：

$$\begin{pmatrix} -1 & -1 & -1 \\ -1 & 9 & -1 \\ -1 & -1 & -1 \end{pmatrix} \qquad (3\text{-}6)$$

上述公式依然非常好理解，即使得中心点的值与周围形成强烈反差。如果一个人像旁边是背景，则图中人与背景之间会形成一条天然的线，线的两端颜色差异很大，通过高通滤波的矩阵运算加大两端的颜色差异，使中间值越发突出，从而可以把这条线的值加重描出来，形成"抠图"效果。

3. 计算机体系结构与操作系统

计算机体系结构（或计算机组成原理）和操作系统这两门课程可以让学生更好地理解计算机。先举一个简单的例子，目前，主流的个人电脑上安装的操作系统都采用多任务的模式，用户在写文档的同时可以听音乐、看视频等。但是在学习计算机体系结构这门课程时会了解到，单核计算机系统在同一时间内只能处理一条指令，那么在普通的单核电脑中，操作系统是如何实现多任务的呢？通过操作系统这门课程能够发现，计算机是通过多进程和进程切换完成多个任务的，那么这种用户感觉上的"多任务"是如何实现的呢？这里便涉及一个基本概念，即计算机的运算速度。

人类在日常生活中很难接触到真正很"大"的数字，之所以提出这个问题，是因为作为机器的计算机跟人类的感性认知是有巨大差异的，最明显的表现是人类的直觉与计算机的计算能力之间的差距。譬如，截至2020

年，计算机的运算速度单核能力已经突破了4GHz，也就是每秒大约能执行40亿次简单的加减运算，而制造工艺方面已经达到7纳米的级别，即指甲大小的CPU核上能放几十亿个晶体管。而与此同时，人类的感官知觉是什么水平呢？

首先来描述一下人类对于时间方面的感官知觉。以电影或电视的播放频率为例，如果每秒大于25帧，也就是说每秒有25张以上连续的图片进行放映，人类就会认为这是一段连续的视频，而播放频率低于25帧就会产生所谓的"掉帧"，即人类会感觉出现类似幻灯片的效果，觉得不能接受。

其次可以以微雕为例来描述人类对于空间的感觉。微雕是一种民间艺术，人的肉眼可以在某种硬质物体上雕刻出头发丝粗细的纹路。发丝是人类对空间的感知极限，其直径一般为0.04～0.4mm，但这也与芯片技术差了4个数量级。

下面再讨论一下处理重复性事务的速度。人类职业电竞玩家的操作速度最快可以达到300APM（Actions Per Minute），即每分300次操作，也就是每秒5次，一年的时间里能处理相同事务的数量为300*60*24*365≈1.6亿次，但与计算机系统中的CPU处理速度（每秒40亿次）相比，计算机每秒能处理的事务数量相当于一个人20多年才能处理的事务数量。

通过以上例子可以了解，计算机通过进程调度处理多任务切换虽然会耗费时间，但这种切换所需要的时间人类根本体会不到，这就使人类感觉计算机系统可以同时执行多个任务。

因此，类似计算机体系结构和操作系统这样的专业基础课程，能帮助读者建立正确的"计算机观"，从而能从计算机的角度来认识世界、理解世界以及运算世界。

4. 计算机网络

目前，计算机网络对整个世界的影响已经大到无可比拟的程度，很多人是通过计算机网络才第一次接触计算机，尤其在中国，这种情况更为普遍。主要是因为各种O2O（线上到线下）网络应用程序的蓬勃发展，使得上至七八十岁的老人，下至不到十岁的小学生，都知道什么是App（应用程序）。与本书主题相对应的是，绝大多数软件行业的创新创业都离不开计算机网络。

虽然大家都知道计算机网络这门课程的重要性，但真正掌握它并不容易，因为计算机网络是一门典型的"易学难精"的课程，甚至连"易学"都称不上。计算机网络有种类繁多的复杂协议，有各种位于不同地点的硬件设备，有层出不穷以至于无法统计的各类应用，有随时出现更新的各种框架，更重要的是，该研究和应用领域有最多的创新创业人才。数量最多的人才使这个行业的发展最为迅速，行业整体增长最快，收入提升最多，反过来又吸引了更多的顶尖人才，从而形成了一个良性循环，不断促进该领域的发展、壮大。因此对于新手，该知识领域的友好度是很低的。

那么大家在学习这门课程时需要注意哪些内容才能把握计算机网络在急剧发展变化中的核心和"不变量"呢？如果抛开计算机网络相关技术中的各种细节，简单地说，除网络结构、分层模型、各层的主要功能及关键协议之外，还需要关注计算机网络的几个性能要素，即速率、带宽、时延、吞吐量、丢包率等，这些要素之间相互联系，并成为计算机网络技术发展变化的关键点。在设计一个计算机网络相关的系统时，需要综合考虑以上的基本条件，然后加入并发量、响应时延，甚至I/O（输入/输出）等因素，由此一步步叠加就构成了复杂的计算机网络系统。

由于篇幅所限，表3-1对专业基础课程进行了简单的回顾，本节不再对其他软件工程相关的专业基础课程进行一一介绍。总而言之，目前具有计算机和软件工程及相关专业的高校都开设了以上的专业基础课程，它们所涵盖的知识领域构成了程序员的基本知识架构，并且在行业发展变化中与时俱进，不断更新相关课程的知识内容，紧跟最新技术的发展步伐。因此，对于程序员来说，掌握这些知识是今后进行软件开发工作的重要基础，也是开展创新创业的前提。

表 3-1 专业基础课程及其作用

专业基础课程	作　　用
高等数学	描述更为现实的世界，需要解决现实世界中稍微复杂的问题时，往往都会用到高等数学的相关知识，它决定了程序员所能达到的解决问题的高度
线性代数	矩阵是计算机的代表，专门处理多维度的问题，而线性代数又是一门研究矩阵的学科，学习它是为了更深刻地理解计算
计算机体系结构与操作系统	计算机的专业基础课程，能帮助学生建立正确的"计算机观"，从而能使其从计算机的角度来认识世界、理解世界以及运算世界
计算机网络	计算机网络对整个世界的影响已经大到无可比拟的程度，绝大多数软件行业的创新创业都离不开计算机网络

3.2.3 专业工具

除了掌握上述专业基础知识以外，程序员还需要熟练掌握各种专业工具才能胜任软件开发这项对实践能力要求非常高的工作。

子曰："工欲善其事，必先利其器。"那么软件系统的开发工具有哪些呢？虽然 2.5 节介绍了一些语言类的开发工具，但为了更全面和系统地进行说明，这里再做一些补充。

广义的开发工具包括操作系统、数据库、开发语言、开发框架等，本节选取一些很重要但容易被人忽略的软件平台或工具进行阐述。

1. 操作系统

个人电脑上安装的操作系统主要是 Windows 或 Linux，而智能移动设备——手机中安装的操作系统主要是 iOS 或 Android。目前，关于在这些主流操作系统上进行开发和应用编程的教材和技术类书籍非常多，本节仅介绍一些重要但容易被忽略的基础知识。

Windows 操作系统在业界的垄断地位是由个人电脑（PC）奠定的，目前全球大约 80% 以上的个人电脑的操作系统采用的是 Windows，这个数据对于软件行业而言具有重大意义，因为市场份额占据八成以上代表基于该操作系统的产业生态已经形成。具体而言，软件客户的电脑主体上如果采用的是 Windows 操作系统，则代表软件的开发环境（至少在客户端）安装的都是 Windows，而大量开发者维护的中间件、开发工具、应用软件等也必然会采用 Windows 版本。另外，除个人电脑之外，传统的工业控制领域的各类系统往往也较多地采用 Windows 平台，因此，投身于工业互联网发展的用户也需要了解和熟悉 Windows 系统。

如果说 Windows 操作系统在个人电脑上占据了主导地位，那么服务器市场则是 UNIX 系统的天下。UNIX 并不是一个单一的操作系统，而是一类操作系统，凡是符合 UNIX 规范的操作系统都可以称为 UNIX 系统，而 Linux 是其中使用最为广泛的一个。Linux 最初版本的开发者 Linus Torvalds 提倡免费共享的理念，使得全世界的程序员都可以通过 Linux 社区为该操作系统添砖加瓦。

为什么服务器上很少使用 Windows 呢？这是由于在 Windows 开发之初就确定它是面向个人电脑的，因此它的很多特性都是针对个人电脑设计的。例如，Windows 的桌面甚至被包括在内核当中，而 Linux 的桌面就是一个非常普通的用户程序。作为服务器最重要的多线程和网络能力，UNIX 系统比 Windows 系统要强得多，加上它是开源的，用户可以自己在上面拓展各种操作（这也是程序员的必备技能之一），使得 UNIX 系统在服务器领域全面领先。

iOS 和 Android 都是在手机上运行的操作系统，如果要在手机上开发一个 App，前端必然是两者之一。iOS 其实是基于 FreeBSD 改良而来的，而 Android 是一个针对手机优化的 Linux，FreeBSD 和 Linux 都属于 UNIX 系统阵营，由此，读者再次体会到了学习 UNIX 操作系统的重要性。就着这个话题，可以深入地讨论一下计算机和软件专业的基础知识和专业工具的关系。

在计算机世界里，专业的基础知识看似没有多少用武之地，譬如大家通过自学相关书籍就能自己开发一个应用 App，但是在实现的过程中会发现一堆不知其所以然的问题，这些问题有些可以被独立解决，有些却只有通过不断了解和学习更底层的基础知识才能明白并把这些问题关联起来，融会贯通。因此，学习者在使用专业开发工具时，除参考技术手册以外，还需要对软件开发工具所蕴含的基本原理和实现机制有一定的了解，也就是需要掌握系统性的专业基础知识。

2. 数据库

对于数据库的重要性，读者在学习关于矩阵相关知识的时候已经有所了解。与人类相比，计算机最大的优势体现在数据的处理能力方面，这也是数据库课程所涉及的知识，因此熟练掌握数据库的相关理论知识及其应用，是对每一个创新型程序员的基本要求。根据本书的主旨，下面仅列举和对比一些与创新有关的数据库。

目前主流的数据库包括MySQL、PostgreSQL、Oracle三种，其中Oracle是一种商用数据库，价格比较昂贵（几十到上百万元），功能也比较复杂，一般的项目开发基本上用不到它，这里不做过多讨论。

而MySQL是一种框架结构简单、容易入门的数据库，数据库初学者只需要投入较少的精力就能快速掌握它，并实现一个自己的数据库，同时其测试也很简单，适合初学者。绝大多数本科生在完成课程相关的实验、课程设计、毕业论文乃至小项目时，基本都会选择MySQL作为其数据库系统。

但软件行业的创业公司在做项目开发时，后台选择的数据库往往会是PostgreSQL。因为如果需要对数据库的功能进行个性化定制，也就是说，不满足于仅仅使用数据库系统本身提供的功能，而是想对数据库的功能进行拓展，PostgreSQL会有很好的表现。对于创新型程序员而言，最好能够熟练使用PostgreSQL。原因很简单，不管是仅仅需要使用简单的数据库来做开发，还是需要实现定制的数据库系统，PostgreSQL都可以胜任。这就好比学开车时都是学开手动挡的汽车，即使大部分学车的人都驾驶自动挡的汽车，因为学会驾驶手动挡的汽车后，驾驶自动挡汽车是再简单不过的事情了。

另外，大家可以发现，MySQL和PostgreSQL有一个共同点，那就是都以"SQL"结尾，这表明它们都遵循SQL（结构化查询语言，Structured Query Language）标准，也就是说，它们都是关系型数据库，具有的最基本也是最重要的功能是对数据的增、删、改、查操作。在传统的事务处理以及报表分析领域，以上这些操作足以满足用户的需求。但是随着互联网的飞速发展，特别是超大规模和高并发的 SNS（Social Network Service，社交网络服务）类型的 Web 2.0 纯动态网站的开发和应用，包括电子商务领域的数据分析，以上这两种类型的数据库就显得力不从心，后来就逐渐诞生了一些新型的数据库来应对具有更高需求的系统应用。

这些新型的数据库有各自的特点，但是一般都统称为 NoSQL 数据库，含义是 non-relational（非关系型）或者 Not Only SQL（不仅仅是 SQL），主要分为以下几类[7]。

1）键值（key-value）存储型数据库，包括 Tokyo Cabinet/Tyrant、Redis、Voldemort 以及 Oracle BDB 等。这类数据库主要采用哈希表来存储数据，哈希表中有一个特定的键和一个指针指向特定的数据。对于一般的信息系统而言，键值数据库模型的优势在于简单、易部署，但是如果数据库管理员只需要对数据库中的部分数据值进行查询或更新，这类数据库的执行效率就显得有些低了。

2）列存储数据库，例如 Cassandra、HBase、Riak 等。这类数据库通常用来实现海量数据的分布式存储。键（key）仍然存在，但键值指向多个列，这些列由列家族来定义。

3）文档型数据库，例如 CouchDB、MongoDb、SequoiaDB 等。文档型数据库的灵感来自 Lotus Notes 办公软件，它和键值存储类似。该类型的数据模型是版本化的文档，以特定的格式存储半结构化的文档，例如 JSON。可以将文档型数据库看作键值数据库的升级版，允许键值之间的嵌套，在处理和存储网页等复杂数据时，文档型数据库的查询效率比传统的键值型数据库更高。

4）图形数据库，例如 Neo4J、InfoGrid、Infinite Graph 等。图形结构的数据库同其他具有行、列等刚性结构的 SQL 数据库不同，它采用灵活的图形模型，并且能够扩展到多个服务器上。NoSQL 数据库没有标准的查询语言（SQL），因此进行数据库查询时需要制定数据模型。许多 NoSQL 数据库都有 REST 式的数据接口或者查询 API。

以上各种类型数据库的对比分析如表 3-2 所示。

表 3-2 NoSQL 数据库对比

分类	典型应用场景	数据模型	优点	缺点
键值型数据库	内容缓存，主要用于处理大量数据的高访问负载，也用于一些日志系统等	key 指向 value 的键值对，通常用哈希表来实现	查找速度快	数据不是结构化的，通常只被当作字符串或者二进制数据
列存储数据库	分布式的文件系统	以列簇式存储，将同一列数据存在一起	查找速度快，可扩展性强，更容易进行分布式扩展	功能相对局限
文档型数据库	Web 应用（与键值型数据库类似，value 是结构化的，不同的是数据库能够了解 value 的内容）	key-value 对应的键值对，value 为结构化数据	数据结构要求不严格，表结构可变，不需要像关系型数据库一样预先定义表结构	查询性能不高，缺乏统一的查询语法
图形数据库	社交网络、推荐系统等。专注于构建关系图谱	图结构	利用图结构相关算法，比如最短路径寻址、N 度关系查找等	很多时候需要对整个图做计算才能得出需要的信息，而且这种结构不利于做分布式的集群方案

如果要完成复杂的 IT 项目或者进行 IT 系统的创新，必须掌握以上 NoSQL 数据库。

通过数据库系统的发展过程可以看到，在人类科技发展的历史上，从有需求到需求被满足，然后诞生新的需求，再到新的需求被满足，这一步步的迭代发展过程正是科技进步的原始模型。但这个"需求到满足"的周期，在计算机出现之前是比较缓慢的，在计算机出现之后，这个周期被大大缩短了。软件行业人才济济，使得 IT 行业的发展非常迅猛，各种新需求的出现都会被迅速解决，从而带来了技术和系统的不断更新。

3. 开发语言

基本上每种程序开发语言都有各自的特点和适用领域，对于创新型程序员来说，很难做到精通所有开发语言，因此建议精通一种开发语言，对其他开发语言能够做到有所了解并会使用。那么选择哪种开发语言作为精通的语言呢？

本书 2.5 节讨论过针对不同的系统需求可以选择不同的开发语言，创业公司的程序员一般会根据业务开发需求来选择开发语言。但对于正处于学习阶段的学生而言，比较好的方法是选择一种普适性的开发语言。例如，在互联网及相关应用迅速发展的前几年，精通掌握 Java 语言是一个不错的选择。因为 Java 是互联网应用开发的主要语言，而选择互联网行业就业的创新和创业型程序员占据大多数，他们的主要业务都是围绕"互联网+"开展的，已形成很好的生态。但时至今日，随着产业发展需求的变化，C++ 编程语言又逐渐回到了重要位置，尤其是支持函数式编程（由于篇幅所限，关于函数式编程，请读者自行查阅相关文献）的 C++ 11 版本及其之后的版本，在行业开发应用中更为得力。下面介绍影响 Java 语言发展的几个因素。

首先是中美贸易摩擦的影响。Java 开发语言本身是免费的，但是 Java 语言的企业版却是收费的，而且目前由 Oracle（甲骨文）公司掌握其版权。如果在全球软件开发行业发生类似于芯片行业的"断供"状况，则 Java 在中国的影响力会受到很大波及，这是第一个问题："有和无"的问题。

其次，由于数据库市场不断产生的很多新需求是 Oracle 公司的主打产品 Oracle 数据库不能满足的，因此市场上出现了百花齐放的局面，这使得 Oracle 公司难以持续维持由技术代差带来的高利润，而由于它收购了 Sun 公司（Java 语言的原创开发公司），因此有可能将下一个利润增长点投向拥有全球最多开发者和项目的 Java 开发语言上。如果对该语言收取"适当"费用，会为公司带来巨大利润，但对国内程序员和 IT 项目而言，则会变成一笔不小的成本（具体可参见 Oracle 数据库的价格）。这就带来了第二个问题："便宜和贵"的问题。

再次，由于函数式编程的兴起，各种新的编程语言也层出不穷，例如 Go 语言、JavaScript 语言、Python 语言、Scala 语言，甚至包括 C++ 11

等，这些新的开发语言虽然目前在生态方面不如 Java 语言，但也逐渐在不同应用领域形成各自的优势，因此这些开发语言都对 Java 语言的霸主地位构成了挑战。这是第三个问题："新和旧"的问题。

同时，再补充一个冷僻知识，JavaScript 的底层是用 C++ 语言实现的，而 Python 的底层则是 C 语言，因此综上所述，虽然 Java 语言在短期内仍然不可替代，但从长远来看，精通掌握 C++ 语言（尤其是 C++ 11 以后的版本）是初学编程的读者一个不错的选择。

4. 软件框架

计算机的问世给人类带来了诸多好处，其核心贡献是在"数字化"方面发挥的作用。如果大家不能完全体会这个贡献的重要性，可以通过下面介绍的马克思和燕妮的故事来理解。

马克思和燕妮的故事是一个伟大的革命者与一位贵族小姐之间的爱情故事。在马克思所撰写的许多伟大著作问世之前，燕妮承担了繁重的手稿抄写任务。据说马克思的字迹非常潦草，燕妮曾在其回忆日记中写道："回忆我坐在卡尔的小房间，抄写他那些字迹潦草的论文的日子，是我毕生最幸福的日子。"马克思撰写的文稿一脱手，燕妮便夜以继日地赶抄，但由于马克思的思维速度及思想深度都异于常人，他总是不断迸发出新的思想火花，很多时候在燕妮刚抄写好的文稿上，马克思又会做很多修改，燕妮只能重新整理抄写。虽然燕妮毫无怨言地做着这些工作，但这样反复的抄写工作是非常辛苦和繁重的。

在计算机问世之前，很多老一辈作家也有类似的经历，要将脑海里的内容转化成文字或者将手写的文字转化成刊印的书本，都是很艰难的事情。再追溯到古代，科举考试要求考生写有一手漂亮的毛笔字。

计算机及文字编辑软件的出现彻底改变了这一切。在计算机上使用文字编辑软件，不仅可以非常方便地创建新文档、在任意位置实现文字的增、删、改，而且通过复制和粘贴可以形成多个副本，使得对文字的编辑和修改操作效率有了质的提升，这就是"数字化"的体现，类似于人类开始用语言而不是声音和动作来表达想法的跨越式进步。程序开发过程实际上也是程序员个人想法的表达，那么，如何更好地支持程序员想法的"数字化"转换过程呢？这就涉及软件框架的概念。

软件框架（software framework），通常指为了实现某个业界标准或完成特定基本任务的软件组件规范，也指为了实现某个软件组件规范时，提供规范所要求的基础功能的软件产品[8]。

一般来说，程序员使用软件框架的过程包含以下几个步骤：

1）接到一个项目；

2）完成需求分析，了解项目目标；

3）对项目进行概要设计，其中最重要的是找到合适的软件框架；

4）对项目进行详细设计，其中最重要的是对软件框架进行内容填充；

5）完成编码。

为什么在以上两个最重要的步骤中都涉及软件框架呢？其实在软件开发初期，并没有软件框架的概念，程序员都是凭着自己的逻辑加想象来完成编码的。但是，由于每个人的思维和逻辑都有局限性，不可能做到完美无缺，因此在程序设计过程中难免出现各种漏洞或者偏差。同时，不同的人，其思维方式也有较大差异，由此带来了两个比较突出的问题。一是程序员设计出来的程序都或多或少有各种各样的bug（错误），并且难以完全消除；二是即使某个程序员在使用其开发的某段程序时没有出现问题，另一个程序员用他的理解和方式来使用这段程序时也可能出现一些问题。

那么平均而言，软件中到底会存在多少bug呢？美国卡内基梅隆大学软件工程研究所（Software Engineering Institute，SEI）组织全世界的软件过程改进和软件开发管理方面的专家历时四年专门开发了一个称为CMMI（Capability Maturity Model Integration，能力成熟度集成模型）的软件能力成熟度评估标准，并在全世界范围内进行推广和实施，主要用于指导软件开发过程的改进和进行软件开发能力的评估[9]。在CMMI的最高级别

CMMI5 中，软件的 bug 包含率标准是不超过 0.32‰，即 1000 行代码中最多有 0.32 个 bug，这已经是软件行业内的最高水平。比较熟练的程序员通常也只能达到 CMMI1 的水平，即代码错误率为 11.95‰。那么一个软件通常包含多少行代码呢？以 Windows 10 操作系统的代码量为例，比较可靠的猜测是 6000 万行以上，而 Linux 操作系统 2018 版本的代码量大约是 2500 万行，通过 CMMI 标准，大家可以估算出它们的 bug 数量。

通过以上分析可以看出程序员使用软件框架的重要性。首先，使用软件框架可以帮助程序员节省大量的时间，避免将精力耗费在其他人已经完成的工作上（例如，几乎所有后台软件框架都提供了成熟的"增、删、改、查"的操作封装）。其次，知名的软件框架一般都会经过大量的测试，已经将其错误率降到尽可能低的水平。也就是说，如果普通程序员自己从头到尾来写完整的代码，那么代码中 bug 的比例通常是 CMMI1 的水平，而使用软件框架时，由于框架的错误率是 CMMI5 的水平，因此代码错误率将下降到原来的 1/30 左右！由此可见，使用软件框架的优势是很明显的。

3.2.4 专业态度

众所周知，每个行业都有其准入门槛，软件行业也不例外。之所以将专业态度放在本章的最后来介绍，并不是因为它不重要，相反，它比前面介绍的各种能力更为重要。俗话说：态度决定一切！能力可以培养，但如果专业态度不端正，则会失去获得培养的机会，所以，作为一名程序员，需要具备相应的专业态度，才能在这个行业长久干下去。下面介绍一下软件行业要求的专业态度。

除了通用的职场规范和职业态度之外，从事软件行业的程序员还需要特别重视以下几点：在个人素质方面，要有强烈的求知欲和好奇心，要有优秀的团队精神；在个人职业习惯方面，要为自己所完成的代码写清楚代码注释和说明文档，并经常对自己的代码进行维护（测试）。下面对这些内容进行详细介绍。

1. 强烈的求知欲和好奇心

知名作家王小波曾说过："人在年轻时，最头疼的一件事就是决定自己这一生要做什么。在这方面，我倒没有什么具体的建议，干什么都可以，但最好不要写小说，这是和我抢饭碗。当然，假如你执意要写，我也没理由反对。总而言之，干什么都是好的，但要干出个样子来，这才是人的价值和尊严所在。"

由于本书的读者都会跟软件行业有关联，也可以说大部分都是或者即将成为程序员，因此可以借鉴王小波的话来提醒相关读者：程序员的队伍已经足够庞大，而且技术的更新日新月异，如果没有强烈的求知欲和好奇心，必然会在三到五年甚至更短的时间内被行业所淘汰，因为这是软件行业所独有的特征。

下面举两个例子来阐释这个问题。

2015 年 6 月的一天，笔者正在校园里散步，听见后面有两个女学生在说话，其中一个问道："你知道 Spark 吗？"作为一名程序员，我当时耳朵就竖起来了，因为 Spark 作为一个开源项目，在 2014 年 5 月才正式上线，知道它的人不多。一瞬间笔者脑海里闪过好几个念头，其中一个是："是不是我听错了，这个女生其实是在说 SPA。"而另一个女生的回答解答了本人的疑惑："就是那个内存版的 Map Reduce 吗？我已经开始使用一段时间了……"接下来，两个女学生就开始讨论各种技术细节。对于无意中听到的这段对话，笔者当时感觉非常震惊，同时也很欣慰，虽然目前我国软件行业的水平暂时跟美国等发达国家有不小的差距，但是如果这两位在校学生能够代表我国软件行业的未来，那我国软件行业的发展还是大有可为的。

另一个例子广为人知。2017 年，华为公司在中国区开始集中劝退 34 岁以上的交付工程维护人员，而对于研发人员，则是集中清退 40 岁以上的老员工，尤其是普通程序员。虽然华为官方宣称这些事情不是实际情况，但通过近几年陆续有华为员工在网络上爆出自己在公司的艰难处境的事件来看，华为公司裁减中年及以上员工的传闻并不是空穴来风。此例的本意不是去评论华为公司的行为，只是此事反映出一个事实：对于其他行业而言，35岁的员工正处于"年富力强"的黄金时期，无论从思想成熟程度还是业务经验方面都是最能胜任业务工作的，因此他们一般都是单位的业务骨干或者管理人员，很难归类到被裁员的一批人，然而在软件行业，如果程序员没有强烈的求知欲和好奇心，并与时俱进地更新自己的知识，则会进入一个名为"稳步发展"、实则"原地踏步"的境地，这会导致严重的职业危机。

因此，程序员要时刻关注行业的发展趋势，尽可能多地参加本领域的交流和研讨会，不断更新自己的业务知识，让自己始终保持在一个较高的业务水平，跟上行业的技术发展步伐。

2. 团队精神

许多人是因为看到影视作品中的电脑黑客无所不能，才加入软件设计和开发行业中来的。不可否认，在一个炫酷的场景中，化身"黑客"的人物在虚拟世界中自由飞翔、无拘无束，这确实能够激发人们的美好憧憬，希望自己有朝一日也能成为这样的人物，使人们受到了一种"个人英雄主义"的熏陶。但实际上，比起少数在网络中无拘无束地进行游走的"黑客"或者肆意开展某种破坏行为的"骇客"，大多数程序员通过自己编写的代码来支持人类社会的各种生产和生活活动，参与人类社会的"建设"而不是"破坏"工作，对社会发展起到积极推动作用，他们才是应该受人尊敬的，他们代表的是一种"集体英雄主义"精神。

任何一个软件工程项目，往往包含几十、上百甚至千万行的代码，绝不是靠一个程序员就能完成的。在大型软件系统的开发中，由集体共同参与才能完成的工程化开发控制取代了个人英雄主义，成为软件系统能顺利开发和实施的保证。开发软件项目就好比建造一幢摩天大楼，没有多人的合作是不可能完成的，个人力量能达到的建筑极限也就是湖边的一座小木屋，由此可见团队精神在软件行业中的重要性。

任何较大的软件开发公司都有一套严格的软件开发管理流程，这是所有行业正规化、职业化的必然结果。在这种严格、精密、宏大的控制体系下，团队合作是必不可少的，这体现在软件开发过程的多个环节，例如：所有人都严格遵守和执行项目开发中的进度管理要求，在每个子任务的完成期限之前保质、保量地交付工作；小组成员之间相互提醒和帮助，要进行良好的沟通，从而保证模块之间的顺利衔接与交互，以及整个项目的实施。

3. 代码注释与说明文档

程序员工作中经常要面对并且觉得比较"痛苦"的事情就是阅读其他人写的代码，即"读代码"工作。阅读其他程序员完成的代码，尤其是拥有不良编程习惯的其他程序员的代码，是一件令人头疼的事情。

读代码过程中遇到的困难主要体现在两个方面。一是代码中包含很多自己不熟悉的程序包，需要查阅其他参考资料，这个过程有些"困难"，但还算不上"痛苦"。而另一个方面是，由于个人水平欠缺，其他程序员写的代码会导致出现很多逻辑上的问题，使代码难以理解。因此，这两方面之间的区别是：前者代表阅读代码的人知识储备或者技术水平有待提高，后者则说明写代码的程序员自身的水平有限而影响了其他人的理解。

那么，程序员如何让别人读懂自己写的代码呢？最简单和直接的方式就是在代码中添加注释、提供代码的说明文档。程序员都希望自己阅读的代码条理清晰、逻辑性强，并且带有良好的注释，而不希望看到逻辑混乱、不知所云的代码。根据"己所不欲，勿施于人"的原则，每一个程序员都应该这样来做。但实际上，由于在程序代码中增加注释和说明需要额外花费大量的时间，软件项目一般都有比较严格的开发周期，时间比较紧张，因此大部分程序员在写代码时基本上都以完成既定功能为主，没有太多时间来补充注释或者说明，而这项工作做与不做，也正是优秀程序员和普通程序员之间的最大差别。因此，目前市场上出现了很多专门用来读代码的工具，例如 Source Insight。

那么如何增加注释以便让他人更好地理解程序呢？

程序员界常用的方法是用尽可能体现其含义的完整名字来命名函数和变量。例如，要编写产生一个时间戳的函数，最简单但可读性最差的函数命名方式是用一个字符，例如c()，名字中完全没有体现该函数的功能，因此读者很难知道该函数是做什么用的，甚至编写该程序的程序员过一段时间再看该函数也会觉得陌生。一个改进的方法是将函数命名为generate()，至少名字中体现了该函数的大致功能，而更好的命名是GenerateTimeStamp()，阅读该函数的任何人，只要明白其英文单词的含义，就会清楚地知道该程序的主要功能是产生一个时间戳。这种体现函数功能的完整命名方式可以减少需要注释的内容。

在清晰地进行函数命名并在程序代码中做好相应注释后，代码就具备了让其他程序员读懂的基本条件。如果代码量比较大，则需要再提供一个说明文档，详细地说明程序代码的整体思路和结构等。

那么程序中所提供的代码注释到底为多少才好呢？一般而言，注释的内容与程序的代码比例至少要达到1∶1。因此，程序员在编写代码及注释时要养成良好的习惯。

4. 测试

如果一位程序员完成了一段程序代码并做好了注释，同时还提供了说明文档，这是否代表他的任务已完成呢？其实还没有，上述工作仅完成了三分之一，因为还没有进行代码测试。一个大型项目的测试用例的代码量通常是初始程序代码的两倍左右。如上所述，如果注释和代码的比例是1∶1，则测试代码与（注释+代码）的比例则是2∶1。也就是说，每一段功能代码的测试都需要由代码量是原代码量四倍以上的非功能代码来完成。可想而知，程序员工作的辛苦程度是其他行业的人难以体会的。

测试用例的代码有两个非常重要的作用。第一个作用是保证代码的正确性和健壮性，因为对所有可能出现错误的地方都通过测试进行了检验。第二个作用是保证代码的延续性，下面重点讨论这一点。

软件行业的发展日新月异，各种软件的更新速度也越来越快。以手机应用程序为例，以前很多所谓有"强迫症"的人不能容忍自己的手机上存在没有更新的程序，对所有程序都会及时更新，而现在这些人很难做到这一点，因为几乎每个手机 App 都在不断更新，有些一两个月会有更新程序，有些每周都会有更新。这种更新被称为软件迭代，软件在每次迭代时都会增加一些新功能或者修改原来存在的一些 bug。

而软件迭代过程所带来的问题是，新版本中增加的功能会不会与已有功能发生冲突？对已有 bug 的修改会不会导致新的 bug？解决这些问题需要用到大量的测试用例。每次迭代过程都要把以前所有的测试用例运行一遍，以确保之前的功能还能用，而如果测试过程中发现了新问题，则需要写新的测试用例来检验，并把新用例添加到测试用例库中。因此，久而久之，测试用例库就会变成一个巨大的资料集，同时，这些测试用例会成为企业宝贵的财富。

很多开源软件都是将源代码开源，而一般不会完全开放测试用例，因此读者在使用开源软件时需要注意，只能使用该软件已有的功能，即使这些功能不能完全满足需求，如果要自己增加一些新的特性，则建议读者寻找开放测试用例的知名开源软件来进行修改和补充，否则在缺乏测试用例的情况下，如果出现了问题，就需要读懂其所有的源代码，这是一项非常艰巨的任务。

3.3 对创业型程序员的要求

在讨论完创新型程序员所要具备的能力及要求后，再来看看创业型程序员需要满足哪些要求。创业型程序员首先应该是一名合格的创新型程序员，更具体一点，如果用百分制给程序员打分，那么创业型程序员最低应该有 60 分。低于这个标准，则会大大降低创业成功的概率。

除了是一名合格的创新型程序员之外，创业型程序员还需要具备哪些特质呢？在对大量软件行业创业者进行调研的基础上，结合作者的经验，下面给出了创业型程序员需具备的四个最主要的特质（见表3-3），后面会进行详细阐述。

表 3-3　创业型程序员需具备的主要特质及其原因

主要特质	原　　因
充沛的精力	创业者要同时兼顾多种角色，需要处理银行、人事、税务、管理等多种事务，需要全身心投入
组织能力	创业者要管理与协调团队工作，保证工作顺利推进
社交能力	需要与不同的人打交道，良好的沟通可以解决多数的问题和冲突
学习能力	创业者要有前瞻性的思维，掌握最新的动向，学习最新的知识，又因创业者能用于学习的时间不多，进行高效的学习是非常必要的

1. 充沛的精力

创业对人的考验是全方位的，其中最基本的要求是具备良好的身体素质和旺盛的精力。虽然目前国内实行的是八小时工作制，但在软件行业，由于竞争激烈，很多公司实际上实行的是早上9点到晚上9点、每周工作6天的上班制度。但如果是自己创业，需要投入到工作上的时间则会更长。作为创业公司的老板，而不是普通员工，要考虑和处理的事情在数量到复杂度上会成倍增长。当前社会的快速发展使各个行业的竞争加剧，尤其在软件行业，由于创业门槛相对较低，数量庞大的创业公司之间的竞争比其他行业更为激烈，因此，创业者要想在激烈的竞争中赢得一席之地，需要付出更多的时间和精力。当前的创业者普遍情况下的工作安排都是从早上8点（甚至更早）一直忙到晚上12点（甚至更晚），除了必要的吃饭和睡觉时间之外，一般都在工作，每周工作7天而且全年无休。普通的上班族工作内容相对比较固定，只做与自己的职位相对应的事情。而创业者不仅要跟员工打交道，跟客户打交道，跟上、下游的供应链打交道，还要跟管理部门打交道；要时刻关注业内发展趋势、规划公司发展方向；要处理银行、税务、人事、管理等诸多常规性事务。需要操心的事情涉及公司的方方面面，因此要有足够的精力和体力去支撑。

国外的大学有一个3S魔咒，即"Study, Social, Sleep"，意思是"学习、社交、睡眠，三者必须放弃一样！"，这个魔咒同样适用于创业者，这也说明拥有过人的精力是创业者获得成功的基本条件。

因此，创业者在创业初期，就要有意识地选择一些体育运动来强身健体，例如，长跑或游泳等运动都是非常适合的增强体质的方式，同时，锻炼过程中人体产生的多巴胺也能够对创业过程中所产生的各种焦虑心理起到有效的调节作用。

2. 组织能力

创业之路一般从成立一家公司开始。"企业"的英文为 Enterprise、Company 等。Company 还有"伙伴"的意思，意味着开公司不是一个人能完成的事，需要一群人的参与，那么就一定会遇到组织和管理的问题。

由于一个人的能力是有限的，因此开公司就需要多人合作，多人合作必然需要合理的组织。越大、越复杂的事就需要越强的组织能力和越多的组织人员。在组织管理领域一种普遍的说法是，一个人能够进行有效的直接管理的人数的上限是 8，也就是说，每 9 个人中就要有 1 个专职管理人员。那么，81 个人中首先要有 9 个管理者，而对这 9 名管理者的管理还需要 1 个上级管理者，这只是最低的管理人员配备标准。团队越大，组织管理就越复杂。在 100 个人的团队中，脱离一线生产而专门从事组织工作的人员需要 30 个；而 1000 个人的团队中，则要占到 500 个左右。

举一个类似的例子，相信很多读者在计算机网络课程中学过类似内容，即：由于要封装各种协议，因此网络中传输的数据单元的有效载荷不会太高。如图 3-3 所示，处于网络应用层的协议 DHCP 的有效载荷需要经过传输层、网络层、链路层等各层协议的封装，最后经过物理层传输出去，而每层所封装在头部的协议

图 3-3　计算机网络协议层

数据都是除用户数据之外的用作网络传输控制和管理的额外开销。

创业型程序员需要从最小的事情一步一步做起，不管通过何种途径，培

养和锻炼自己的组织能力。例如，不管是参加学生会等社团组织，还是当班干部，都有很多机会来锻炼组织能力，比如组织篮球/足球等运动比赛、开展班级联谊活动等，都是培养和积累组织经验的方式。

3. 社交能力

在程序员的世界中往往需要两种能力，一种是与人沟通的能力，另一种是与计算机设备沟通的能力。社交能力就是指与人沟通的能力，这对于创业型程序员来说尤其重要。如果说普通程序员与人沟通的能力达标就可以的话，那么创业型程序员的此项能力需要接近满分。为什么呢？因为一个公司在成立初期，可能没有专门的销售人员，需要创业者带着产品（或者产品原型）去市场上闯荡，在推销产品的过程中积累客户，如果要发展壮大公司，还要寻找投资人。这些过程最重要的就是学会与人打交道。

这个过程虽然只有两三句话，但是实施起来却并不是想象的那样简单。经商的人常常都会说"生意难做"，由于每一位顾客都会选择自己认为性价比最高的商品，因此都会挑三拣四、讨价还价。而卖东西的一方并不是人人都能够成功地将东西卖出去。因为并不是所有的人都有卖东西的经历，甚至可以说只有极少部分人由于家庭或者特殊原因才会有卖东西的体验，从而使买与卖之间难以平衡，卖家要靠自己的"三寸不烂之舌"才能说动买者。因此作为售卖软件产品的创业型程序员，让客户接受和购买自己的软件产品，需要强大的沟通和社交能力。

除了挖掘客户、进行产品营销之外，创业型程序员还需要寻找投资人为自己的公司发展注入资金，这又是一道坎。因为创业者与投资人双方的信息和经验也处于上述买家与卖家那样的不对称状态。一般而言，创业者在创业初期和中期接触的投资人数量只有几个，最多几十个，而投资人因为要使自己的资产利润最大化，往往会接触更多的创业者来进行对比和筛选，所以他们接触的创业者数量可能上百。在这种情况下，创业者难免会处于劣势地位，因此，一定要做好心理准备，在经历失败时坚持下去才有可能成功。

笔者给出的建议是，如果想成为创业型程序员，不妨多参加类似于替商家在街头分发传单的商业活动，其目的是体验卖家思维，为之后自己的创业打下基础。更高级的社交能力无法用几句话说清楚，如有必要，读者可以学习一些心理学知识，考虑阅读霍尼的系列书籍，例如《我们时代的神经症人格》[10]《自我分析》[11]等。

4. 学习能力

这里的学习能力包括两方面含义，一是如何利用有限的时间进行学习的能力，二是如何高效地进行学习的能力。

前面提到过，一个创业型程序员首先应该是一个合格的创新型程序员，对创新型程序员的基本要求是具有一定的数学基础知识和计算机及软件开发的专业知识，另外，还要熟悉专业工具并具备专业的态度等，而对创业型程序员来说，更多的是要求有旺盛的体力和精力、强大的组织能力和社交能力等。因为创业是很考验个人综合能力的，文理兼修且都具备很高的水平是创业者最理想的状况。但人的精力和时间是有限的，如果达不到所有的条件，则要做好规划和取舍。例如，如果一个软件工程专业的学生在参加和组织学生会、团委以及班级事务等方面投入了很多精力，那么他的组织能力会得到锻炼和提升，但同时也会影响他学习专业知识的时间和学习效果。创业型程序员需要处理的事情非常多，因此如何做好规划，以便在繁杂的事务中保留一定的学习时间，是一种重要的能力。一种有效的方法是严格制定计划，在计划的时间内集中全部精力去完成计划中的内容；或者掌握方法论，将自身经历转变成能够促进学习的方法。关于方法论，本书会在第4章进行介绍，但是掌握方法论也不容易，很多人在学习和实践了很长的时间后仍然不能完全掌握。

大家都知道，成功创业不是一件容易的事，笔者对35～40岁年龄段的软件行业的创业者做过一些调研。例如，当问他们"创业体会和感受"时，大部分人的回答都是"压力大、太辛苦、性价比太低"等；而问他们"对自己创业后不后悔"这个问题时，绝大多数人的回答都是"后悔"。但是，如果继续问他们："假如回到最开始，你还会不会选择创业？"，绝大多数人的回答却都是"可能还是会"，如果追问理由，虽然回答各式各样，但有一点是共通的，那就是几乎所有创业者都认为在创业过程中，"自己的能力有很大的提高，这些是上班完全不可能给予的"。

道理其实很简单，《孟子·告子下》里的《生于忧患，死于安乐》中写道："故天将降大任于是人也，必先苦其心志，劳其筋骨，饿其体肤，空乏其身，行拂乱其所为，所以动心忍性，曾益其所不能。"人只有在逆境中才能快速成长。在现今的环境下，创业过程确实可以制造极大的逆境，只要学习能力足够，能从失败中吸取教训，创业即使失败也依然有价值、有意义。

3.4 意志力的培养——是否需要自己做 CEO

在很多读者看来，创业最广泛被接受的理由就是自由，无论是工作自由还是财务自由，重点都在自由上，如果自己不是 CEO，还谈什么自由，终究还是有人管着自己的。这个观点在调研的时候有不少企业的创业者，包括比较有规模的企业的创业者，在初期是赞同的。

在人类社会高度分工、各种组织形式日益完善的情况下，绝对的自由是不存在的；低收入者受到资金的制约，高收入者受到组织和责任的制约。要做 CEO，就要担负 CEO 的责任。西方有句谚语：欲戴其冠，必承其重。孔子在《周易·系辞·下》中提到："德薄而位尊，知小而谋大，力少而任重，鲜不及矣。"

这里先介绍一个公司的组织结构，再讨论 CEO 的问题。在美国，成熟的公司中的员工可分为两类：平时干活的和平时不干活的。前者叫作"员工"，后者叫作"股东"。股东通常不止一个，因此他们会成立一个名为"董事会"的机构，公司遇到重大问题时，就由董事会根据股权比例进行投票来决定。投票结果是超过半数通过还是超过 2/3 通过取决于公司章程，公司章程是在公司建立的时候确定的，每个公司都不一样。对公司章程进行修改也要经过董事会投票通过。董事会只有在公司非常重要的事件上才会开启投票，公司平时的运营，比如要不要买一台饮水机之类的事情，董事会是不管的，因为股东们平时不干活。那么平时的活谁干呢？董事会需要选择一个人，大家都同意他来运营公司，这个人就是CEO。所以CEO是需要干活的，他是员工，而且处于员工的顶端。当然，CEO往往也有一定的公司股权，他是股东中的一员，在董事会中也有席位。

CEO的全称是首席执行官，这是按照英文Chief Executive Officer翻译而来的，一般国内的称呼是总经理。总经理之下是副总经理，分管不同的内容，比如技术副总、市场副总等，对应的英文称呼是技术VP（Vice President）、市场VP，软件行业比较关心技术，所以先从技术VP开始往下延伸。技术VP下一级是CTO。这可能出乎大家的意料，CTO和CEO看起来级别一样，其实差了两级。

当然，这是美国比较成熟的公司中的职位，从创业者的角度来看，因为在接受融资之前，股份都在公司创始人手上，所以创业公司的创始人既是员工，也是股东。这种情况在中国最普遍，因为大部分公司还没有融到资就已经倒闭了。

大致介绍公司的组织架构（有关详细内容，可参考《中华人民共和国公司法》）之后，再跟大家讨论一下"要不要成为CEO"。CEO一方面要对股东（董事会）负责，一方面要对员工负责，是一个非常艰辛的职位，压力很大。如果非要做CEO，就要有意识地培养自己的意志力，以提升自己的抗压能力。面对股东的期望、员工的工资、打不开销路的产品、被下游拖欠的货款等问题，不身在其中是很难体会这种压力的。

所以对于初次创业的读者，尤其是软件工程专业的学生，建议从CTO开始做起，逐渐提高自己的能力，一开始就做CEO就像没有经过特别训练就开始极限运动，危险系数很高。如果开始就要做CEO，再次推荐保持运动的习惯，尤其是长跑、长距离游泳等。研究表明，运动能促进多巴胺的分泌，而人体自然产生的多巴胺是抗抑郁的有效武器。需要注意，如果长期处于抑郁状态，而且运动也不能缓解，就需要及时寻求心理医生的帮助。

参考文献

[1] 金，莫博涅. 蓝海战略 [M]. 吉宓，译. 北京：商务印书馆，2010.

[2] 宫志欣. 进退维谷的物流新锐——中国共享单车的现状分析与研究 [J]. 天津职业院校联合学报，2020，22(03)：99-103.

[3] 庄双博. 共享单车：从蓝海跳进红海 [J]. 中国民商，2017(4)：54-59.

[4] 斯坦福大学. UFLDL Tutorial—Convolutional Neural Network [EB/OL]. http://ufldl.stanford.edu/tutorial/supervised/ConvolutionalNeuralNetwork/.

[5] 科学篇——极其烧脑的从"零维空间"到"十维空间"的详细解析. https://baijiahao.baidu.com/s?id=1621543290297974665&wfr=spider&for=pc.

[6] 百度百科. 丘成桐 [EB/OL]. https://baike.baidu.com/item/%E4%B8%98%E6%88%90%E6%A1%90/638825?fr=aladdin.

[7] 罗琼，杨微. 计算机科学导论 [M]. 北京：北京邮电大学出版社，2016.

[8] 刘瑜，王立福，张世琨. 软件框架开发过程研究 [J]. 计算机工程与应用，2004，40(2)：26-28.

[9] RASSA R C, GARBER V, ETTER D. Capability Maturity Model Integration (CMMISM): A view from the sponsors[J]. Systems Engineering, 2010.

[10] 霍尼. 我们时代的神经症人格 [M]. 冯川，译. 贵阳：贵州人民出版社，2004.

[11] 霍尼. 自我分析 [M]. 许泽民，译. 贵阳：贵州人民出版社，2004.

习题

1. 创新与创业的区别是什么？两者有没有必然的因果关系或者包含关系？
2. 如何理解软件行业的门槛在逐步提高这件事？
3. 非软件专业的学生转入软件行业，需要补齐哪些短板？
4. 创新型程序员的基本素质包括哪些？
5. 如何理解普通高等院校计算机或者软件工程专业的课程设置与创新型程序员的要求高度重合？

6. 对创业型程序员与创新型程序员的要求区别是什么？为什么会有这些区别？
7. 一个标准的软件公司的组织架构是什么？CEO 和 CTO 是平级的职位吗？
8. 本书不推荐程序员创业从 CEO 做起，为什么？（可以参考埃隆·马斯克在谈及 CEO 应该做什么的视频）

思考题

1. 假如你有创新、创业的想法，那么在大学期间要做好什么样的准备？
2. 如何理解应该尽量在大学期间尝试一些失败和丢脸的事情？这对创业有何意义？

CHAPTER 4

第4章

创业要素

在了解了之前章节所介绍的基础知识以后,下面为大家介绍一组数字。中华人民共和国国家发展和改革委员会每年都会交由人民出版社发布《中国大众创业万众创新发展报告》,在报告中可以看到,我国的创业成功率基本上呈上升的趋势,创业的人越来越专业,创业环境也会越来越好。但是,中国总体的创业成功率始终在1%到10%左右,这个数字比以美国为代表的发达国家低,美国的创业成功率大概是20%。下面从多个角度分析该数据。

第一,差距是可以理解的,本书讨论的创业指的是创办一个企业(即公司)。公司以及公司制起源于16世纪,18世纪60年代,《合股公司法》经过重大修改,首次正式称为《公司法》[1]。公司制刚开始是非常小众的制度,后来慢慢演变为大家耳熟能详的名词。作为"舶来品",公司制在国外尤其是发达国家更完备,而与公司以及公司制相关的部分,对创业成功率是有影响的。

第二,另一个影响成功率的因素是金融。公司发展的过程与金融业紧密相关,而金融业在我国仍处于快速发展阶段。一些与公司有关的名词最近十年才在我国流行起来,例如 CEO(Chief Executive Officer,首席执行官)、CTO(Chief Technical Officer,首席技术官)、2B(To Business,面向企业客户)、2C(To Customer,面向个人客户)等,这只是一些初级内容,稍微复杂的金融知识,例如 IPO(Initial Public Offering,首次公开募股,可以理解为上市）、VC（Venture Capital，风险投资）、PE（Private Equity，私募股权投资），现在完全理解的人还不是特别多（即使在创业者当中也是如此）。

第三，前述 10% 的成功率是指整个创业成功率，也就是全社会、全年龄段的创业成功率。结合本书的宗旨，如果是大学生，那么成功率会大幅下降。前文曾提到，一个刚毕业甚至未毕业的大学生，创业的成功率是无法与一个 40 岁左右拥有不少行业资源的企业高管相比的。所以大家在考虑创业实战时，哪怕是纸上谈兵，都需要有严肃的态度。

下面从创业成功与否的判定来开始介绍本章的内容。

4.1 创业成功的判定

通过已公布的我国关于创业成功的统计数据来看，创业的成功率是比较低的，大约低于 10%。这是一个不乐观的数字。面对困境，需要进一步分析。而作为软件工程专业学生，或者再广泛一点，作为一名理工科学生，可以对此做一些分析。

先回顾一下学习微积分的过程，再进行类比推演。

1）为什么要学习微积分？因为有些问题难以用初等数学的方法解决，例如计算一个不规则图形的面积。

2）如何学习微积分？微积分的概念与初等数学中的所有概念有很大区别，可以从最基本的"无穷小量"的定义入手。

3）从定义推导出公式，并进行大量的例题训练。

4）解决实际问题或模拟问题（考试）。

当我们面对复杂问题时，不能茫然，而是应该积极运用所学的知识，尝试用自己的方法论解决问题。

创业是一件非常复杂的事情，只有 10% 以下的成功率，比其更复杂的事情恐怕已经不多了。那么什么是创业成功，什么是创业失败呢？这相当于定义初等数学里的 0 和 1 或者高等数学里的无穷小量。理工科学生应该首先有这样的理解。

令人遗憾的是，创业成功与否至今都没有一个清晰的定义，因为不能简单地将其认定为一个科学问题，其中还夹杂着人生观、价值观、世界观这些因人而异的东西。以理工科学生的观点来看，变量太多，而且缺乏普遍规律，创业是一个 NP 问题。对于每一次创业，都要具体问题具体分析。因此本书只是有限度地讨论，希望读者尝试建立自己的标准。

4.1.1 创业失败的定义

创业失败的定义相对简单些，毕竟创业失败比创业成功要常见。

按照 1.2 节中的定义，创业（entrepreneurship）指"创办一个企业"，那么"创业失败"可以定义为"所创办的企业倒闭"。这种简单的定义存在诸多问题，下面一一进行讨论。

1. 倒闭

"倒闭"这个词甚至不是一个法律概念，正式的法律概念叫作"破产"，根据《中华人民共和国企业破产法》第一章第二条：企业法人不能清偿到期债务，并且资产不足以清偿全部债务或者明显缺乏清偿能力的，依照本法规定清理债务。企业法人有前款规定情形，或者有明显丧失清偿能力可能的，可以依照本法规定进行重整。

这里引用正式的法律文件是希望读者明白，创办企业本身就是一个法律事件，公司的法律责任人称为"法人代表"。而企业破产则是一堆法律事件构成的法律事件集合，用更加通俗的说法就是，当创业开始时就要不停地惹上官司，尤其是企业破产的时候，更是如此。在每一位读者准备创业或者已经开始创业的时候，都需要至少熟读《中华人民共和国公司法》，或者聘请专业的律师，以便在做每一个重要决策时先找律师商讨。

这些内容过于庞杂，需要专门学习，其远远超出了本书的讨论范畴，所以这里仅仅针对一个点进行简单的讨论，即有限责任公司。

大家在注册一个公司的时候，会有几个选项，即有限责任公司、股份有限公司、有限合伙企业、个人独资企业等。对于普通的创业者，可以选择有限责任公司。接下来要填写股东、注册资本等信息。股东的相关内容将在其他章节讨论。这里的注册资本大家需要谨慎对待。

注册资本分为两种，即实缴和认缴，实缴是指必须在注册的时候实际缴纳注册资本。2013年公司法改革后，基本上都按照认缴进行资本注册，意思是股东承诺缴这么多，写100年内缴清都是可以的，但是具体写多少，就涉及什么叫作有限责任公司了。

举个通俗的例子，新公司的注册资本写1000万元是没有任何问题的，股东有三位，分别是A、B、C，他们各占40%、30%、30%的股份，那么按照比例需要给公司打入400万元、300万元和300万元的注资款，这些钱在注册的时候可以认缴而不是实缴，也就是说不用真正打钱到公司账户。但是，如果公司经营不善，结算公司所有财产后，欠款还有2500万元，公司申请破产，那么按照有限责任公司的定义，只需赔付最高不超过注册资本1000万元即可，另外的1500万元欠款在破产时就不用还了。这是公司法对投资人的保护，以激励公司进行开拓性的商业行为。

但是，很多有限责任公司都不能按照这个流程执行破产，因为公司法规定，如果出现了违背公司资本充实和财产独立原则、公司资产与股东个人资产混同等情况，就会很容易被判责任追偿。例如，拿公司的钱给自己买手机、买电脑，甚至买汽车，都属于这种情况。也就是说，如果公司破产，股东很容易背上一大笔债务，甚至比注册资本还要高，尤其是在财务混乱的情况下，而第一次创业的大学生，财务不混乱是不可能的。

总而言之，大学生在创业时要认清自己的缺陷。开始创业的软件工程专业学生必须尽快掌握相应的基本法律知识，对于什么能做、什么不能做要有一定程度的认知。

2. 关于创业失败的边界

在求解微积分方程时，边界条件是非常重要的。在数理逻辑中，首先也要划清论域（domain of discourse）。前文给出的创业失败的定义——所创办的企业倒闭，这种描述也不清晰。例如，某人创办的企业并未倒闭，反而呈良性发展，但是其个人被迫离开公司，那么，这算创业失败吗？

大家不要觉得这个例子很离奇，实际上这种事情在创业道路上比比皆是。以美国著名的企业家乔布斯为例 [2]，1985 年 4 月经由董事会决议，乔布斯自己创建的苹果公司撤销了乔布斯的经营大权，乔布斯几次想夺回权力均未成功，于是在 1985 年 9 月 17 日离开了苹果公司。大家现在熟悉的苹果公司是乔布斯 1996 年回归后实施一系列举措的结果。

创业失败的边界并不清晰，个人和自己创办的企业应该共同成长，但是生活中总是有各种意外，企业走向成功而个人却面临失败的例子比比皆是。

按照逻辑学，可以假设一种相反的情况，如果公司倒闭，但是个人赚了很多合法（可能未必合理）的金钱，这算创业失败？还是算创业成功？

4.1.2　创业成功的定义

"什么叫成功？顺手拿过来一本《现代汉语词典》，上面写道：'成功，获得预期的结果。'言简意赅，明白之至。但是，谈到'预期'，则错综复杂，纷纭混乱。"这是季羡林的一篇散文 [3] 里的话。这篇文章主要谈成功的要素，本书则把重心放在"预期"上。

按照熟悉的分析问题的方法来，首先，什么叫作"预期"？"预期"很显然是一个主观词语而非一种客观描述。对于主观和客观，读者在大学学习了数理逻辑后应该对其有基本的了解。对于创业者而言，如果对主观和客观没有清晰的认识，就会出大问题。这里借美国在这方面的教育来说明，大家可以对照一下自己的情况。

美国的孩子在幼儿园阶段最先学习的就是 Fact 和 Opinion，即要分清哪些是事实、哪些是观点。譬如苹果是水果，这是事实，苹果很好吃，这就是观点。这样到大学里学习数理逻辑时就很顺畅。而在我国，大家小时候可能听过"白马非马"的故事。

回到成功的概念。因为成功就是"达到预期的结果","预期"是主观词语,是观点,不是事实,那么整个成功的概念都是主观概念。因此,这里只要弄清"预期"的概念,就能弄清"成功"的概念,进而弄清"创业成功"的概念。

一个创业者创业的初心是什么?或者说预期是什么?是就业、挣钱、学习还是解决别人就业?一旦定义了这个预期,判断创业成功与否就很容易了。

之所以强调不忘初心,是因为初心很难坚持而且会发生变化。聚焦到创业上,具体会是什么情况呢?

根据马斯洛的需求层次理论,人类具有一些先天需求,人的需求越低级就越与动物相似,越高级的需求就越为人类所特有。同时这些需求都是按照先后顺序出现的,当一个人满足了较低的需求之后,才会出现较高级的需求,也就是说,各种需求一般按照生理需求、安全需求、社交需求、尊重需求和自我实现需求的顺序出现,如图4-1所示,但不一定全部按照此顺序出现。

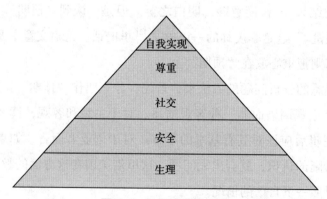

图 4-1 马斯洛需求层次

在创业的预期中,对创业者个人以及所创业的公司的分析如表4-1所示。

从表4-1的对应关系来看,创业是一件清晰的事情,创业成功的定义也很容易界定：同时满足以上的预期，就是创业成功。但是人类社会的竞争过于剧烈，人人能够达到自我实现的预期是不可能的。同理，创业企业实现上市的概率可以通过以下新闻和数据来感受。

表 4-1　创业预期层次

层次	对创业者而言	对创业公司而言
生理需求	赚的钱足够支持基本生活	现金流勉强没有断裂
安全需求	不失业	公司运营正常，业务稳定，现金流良好
社交需求	通过创业不断学习，认识高质量的伙伴、可敬的竞争对手等	积极参与产业链，与上下游企业的关系良好
尊重需求	大家认为你是一个成功的创业者	较为成功的公司，在业内有一定名气
自我实现需求	提升GDP，解决其他人的就业问题，为国家做贡献	上市

2019年9月20日，国务院新闻办公室举行新闻发布会，工业和信息化部部长苗圩介绍了工业通信业发展情况，截至2018年年底，我国中小企业的数量已经超过3000万家，个体工商户数量超过7000万户。同时，2018年12月统计，我国共有A股上市公司约3600家。即大概不到万分之一的企业完成了"自我实现"。

所以创业者一定要放平心态，不断反思，回顾自己的创业初心，尤其是大学生创业者，最好把创业初心设置成社交需求，也就是以学习为主，而不要把目标设置为定义含糊不清的"财务自由"。

做一个简单的测试就知道，"财务自由"不是一个客观概念，而是一个主观概念。问10个人财务自由需要多少钱，每个人的回答都不一样，而且出入很大，是500万元、1000万元、1亿元还是10亿元？这种区别都无法用偏差来掩盖。所以财务自由的概念很容易发生变化，以这个作为创业目标就会偏离初心。

为什么也不建议读者以生理需求和安全需求来作为创业初心呢？原因很简单，如果以满足这两个低级需求作为创业初心，那么打工比创业更容易。网络上有这样一段话："关于做企业，有人算了笔账。企业一年有300万元的营业额，毛利100万元。扣除按开票算的各项税大概25万元，剩

75万元。再扣除25%所得税,剩下约56万元。你把钱从公司拿出来花,作为股东再扣除35%个税,剩36万元。有能力做年收入300万元公司的老板,我相信去大公司一年拿36万元不是问题,还没风险。"

假如有读者说:"小规模纳税人的增值税征收率为3%,小微企业的所得税为10%,所以怎么会有这么高的税?"或者说:"做企业很难,账不是这么算的。"或者说:"有100万元的毛利润,不是一般的难……还要算回款、流动资金、投入设备……"

那么恭喜这几位读者,你们已经领先一步,知道了不少创业的实战知识。从另一个角度来说,已经算创业成功了。

将创业的预期设置为拓展知识面和人脉,不仅可操作性强,还能保持平常心,从而不容易因为一次招标失败而灰心丧气,因为一名核心员工离职而愤愤不平,因为资金链断裂而惶恐不安,更不容易因为公司运行不下去而感到绝望。

然而创业需要启动资金,在创业前进行充分的调研和求证,可以避免白白浪费启动资金。所以再次强调,创业需要非常谨慎。有了这个态度,才能迈入真正的创业之路。

4.2 创业的关键要素

前面讨论了创业成功和失败的定义,现在看看影响创业的要素有哪些。倘若读者觉得不知从哪里着手,就要开始构建自己的方法论了,再通过方法论找到创业的要素。

4.2.1 方法论

方法论是指关于认识世界、改造世界的根本方法的学说。通俗来说就是,世界观主要解决世界"是什么"的问题,方法论主要解决"怎么办"的问题。方法论对创业极为重要,因为创业者在创业过程中的每一个关键时间都是茫然面对不可知。华为老总任正非先生在内部讲话中曾引用德国著名军事家克劳塞维茨的《战争论》中的话："什么叫领袖？要在茫茫的黑暗中，把自己的心拿出来燃烧，发出生命的微光，带领队伍走向胜利。战争打到一塌糊涂的时候，将领的作用是什么？就是用自己发出的微光，带领队伍前进。"那么如何做到在茫茫的黑暗中带领队伍前进呢？首先就要有扎实的方法论。

方法论的形成跟个人经历和智慧息息相关，每个人都不一样，这里介绍两种易于操作的方法论：目标分解、迁移学习。

1. 目标分解

目标分解（Target Decomposition）就是将总体目标在纵向、横向或时序上分解到各层次、各部门以至具体的人，形成目标体系的过程。这听起来比较复杂，可以看一个很有意思的例子：如何把大象塞进冰箱。

众所周知，把大象塞进冰箱需要三个步骤：

1）把冰箱门打开；

2）把大象放进去；

3）把冰箱门关上。

这个例子曾被当作笑话出现在春节联欢晚会的小品中。这里可以从这个例子中提取有用的知识。"把大象塞进冰箱"是一个目标，被分解为三个步骤，这看起来并没任何作用，但是接下来就会思考，如何把大象放进去。是切片？还是找一个非常大的冰箱，比如冷库？再考虑这是不是一个脑筋急转弯的问题？就不像刚开始那样完全不知道从何入手了。

分析一下目标分解这种方法，在开始时目标分解提供的可能不是一种具体的解决方案，而是将人的思维切换到一个有条理的模式（pattern），把天马行空的想象力加以约束，让大脑成为有效的算力。另外，目标分解也能起到第一推动作用，把阻碍思考的静态摩擦力变为动态摩擦力，从而推进问题的解决。

下面看另一个相关故事。某次老师上课的时候提了一个非常复杂的问题,随机抽了一个同学来回答,那个同学站起来憋了好一会儿,不得不回答:"It depends …(这取决于……)"老师立即打断他:"可以了,回答得非常好!"

因为老师知道这位同学已经进入正确的思维模式,迟早会解决这个问题,而课上并没有那么多时间来思考具体的过程。

2. 迁移学习

迁移学习(Transfer Learning),国际顶级期刊 TKDE 的一篇高引论文[4]中给出了易于理解的定义:"mission of transfer learning: the ability of a system to recognize and apply knowledge and skills learned in previous tasks to novel tasks. In this definition, transfer learning aims to extract the knowledge from one or more source tasks and applies the knowledge to a target task."大概意思是运用已有领域的研究结果,来促进新领域相关的研究。有关更严格的数学定义以及公式已超出本科生的能力范围,这里通过数学家烧开水的例子来进行介绍。

数学家的妻子让他烧开水,怕他不会烧,就嘱咐说:"拿个空壶,装满水,放在炉子上烧开就行了。"妻子走后,数学家发现壶里面已经有了半壶水。于是,作为一个数学家,他倒掉了那半壶水,再装满,然后把壶放炉子上了。

很多人也是把这个故事当笑话听,大部分人都会说,为什么不直接把半壶水装满呢?但实际上,这是非常深刻的方法论的问题,可用来解释"化归"的数学方法。所谓"化归",是把未知的、待解决的问题转化为已知的、已解决的问题,从而解决问题的过程。

按照数学家理解的妻子烧开水的方法:①烧开水需要一个空壶;②装满水;③放到炉子上。而数学家面对的情况是一个半满的壶,第一个条件就不满足,相当于面对一个新的未解决的问题。经过严格逻辑思维训练的数学家想法是将这个未解决的问题转化为一个已解决的问题——只要把半壶水倒了,就能得到一个空壶,按照妻子的方法就能烧好开水了。

这个故事有意思的地方在于，烧开水实在太简单了，形成了喜剧效果，就算说这是一个化归问题，也有种大炮打蚊子的感觉，更不要说迁移学习了。

在这里，我们使用刚刚讲述的方法论来讨论创业的关键要素。首先使用迁移学习的方法，对比一下古往今来与创业类似的事情，看一看这些事情的关键要素，比如王朝的更迭。每一次王朝的更迭都可以被视作一个巨大的创业项目。最后的胜利者中，既有唐太宗李世民这样的世家子弟，也有明太祖朱元璋这样的贫民之子。但是如果需要总结成功的要素，那么很多人都能说出那句经典的台词：天时、地利、人和。

接下来我们使用目标分解的方法，分别讨论天时、地利、人和在一个普通的创业项目中分别表示什么，以及创业者如何把握这些因素。

4.2.2 天时、地利、人和

1. 天时——时间维度上的特殊性

对于创业来说，什么是天时？生产力发展水平，生产关系的变化，当前国家的宏观政策，资本市场支持，等等。这些因素中的每一个发生微小的变动，对于创业者，都会带来巨大的风险以及对应的机遇。

宏观地说，就是"我们的时代需要什么样的创业"。创业的成果——产品或者服务，如果落后于时代，企业是很难生存的。另一方面，领先时代的幅度太大也会为创业带来风险。下面举几个例子。

假设在 2010 年左右，某人设计了一款手机 App，这个 App 可以实现用手机的摄像头来分辨人民币的真假，取代验钞机。看起来这款 App 可能会有很大的市场，因为大家都需要它。但可惜当时的摄像头像素和图像分析算法都不够成熟，这个 App 无法实现。到了 2020 年，技术已经成熟，但是这款 App 在我国很可能会失败，因为在 ToC 市场上，大家几乎都在使用手机支付工具，很少使用现金，因此这款 App 不一定能被广泛使用。由此可知，发生变化的是时代，是一种大势，也就是天时。

又例如，2018 年以来，方便面市场慢慢变得不景气，主要原因有几个：外卖（互联网）变得越来越便利，蚕食了住家客户的方便面市场；高铁慢慢取代绿皮火车，又蚕食了旅行客户的方便面市场。但读者能清楚地看到，外卖和高铁都没有将方便面作为竞争对手，只是作为中国互联网经济和基础建设的代表，挤压了其他行业的生存空间。如果这个时候进行方便面行业的创业，成功率也很低。

以上两个例子都是滞后于时代的事件，下面再举两个领先于时代的例子。

星链是美国太空探索技术公司计划推出的一项通过低地轨道卫星群提供覆盖全球的高速互联网接入服务的项目。作为与华为 5G 相抗衡的技术，星链在美国甚至全世界都到了炙手可热的地步。然而类似的构想早在 20 世纪 90 年代就有人进行了探索和实施，即摩托罗拉的铱星计划。铱星计划是美国摩托罗拉公司设计的全球移动通信系统。它的天上部分是运行在 7 条轨道上的卫星，每条轨道上均匀分布 11 颗卫星，组成一个完整的星座。它们就像化学元素铱 (Ir) 原子核外的 77 个电子围绕其运转一样，因此被称为铱星。铱星计划的目的是让用户从世界任何地方都可以打电话。然而这个计划过于超前，导致在市场推广、成本控制等诸多方面出现了困难。1999 年 3 月 17 日，摩托罗拉控股的铱星公司正式宣布破产，从正式宣布投入使用到终止使用不足半年的时间，亏损数十亿美元。当时手机界的霸主摩托罗拉公司也因此遭受重创。

如今个人计算机基本上都是 64 位的 CPU 和操作系统。由于 32 位的 CPU 和操作系统最多只能寻址 4GB 的空间，所以体现在现实中就是最多只能支持 4GB 的内存，这无疑是计算机技术发展的极大制约。AMD 和 Intel 这两家世界上最大的通用 CPU 生产商，在很早的时候就开始了 64 位 CPU 的研发。Intel 从 1994 年开始和 HP 共同研发新的 64 位指令集架构以及 CPU，来应对 CPU 市场竞争。然而，Intel 所提出的 64 位 CPU，其指令集架构和旧的 x86 截然不同，这将导致原有的程序会无法在新的 Intel CPU 上执行。AMD 则在 2003 年推出了 X86 架构下的 64 位 CPU。这两者的结果都不理想，Intel彻底放弃了自己和HP共同研发的架构，AMD则是叫好不叫座，市场份额一直下降，直到最近两年研发出Ryzen架构，市场份额才开始有所回升。

不难发现，即使是实力雄厚的大型高科技企业，在时代的浪潮下也是渺小的；反之，如果顺应了时代，好的想法就容易变成好的创业项目。小米公司的创始人雷军说过一句流传很广的话："站在风口上，猪都能飞起来。"就是这个意思。当然，飞起来以后怎么壮大、怎么落地就是另外一回事了。

从另一个角度看，不同的时代需要不同的创业还体现在规则的演变上。改革开放初期，人们常常把脱离稳定的工作去创业经商称为"下海"，这个比喻非常贴切，"海"这个概念包含几层意思：它离我们并不远；它意味着未知；在海里游泳和在岸上走路是完全不同的，并没有承载我们的大地，出现失误就会沉下去。所以"下海"成为改革开放初期规则较为混乱的情况下创业的真实写照。

随着市场经济制度的不断完善，"游泳"已经不像当初在海中那样，四顾茫茫，难以看见希望，而更像是在河两岸寻觅一条最安全的路线，这时我国的创业便进入了寻找突破口，提出新想法并勇于尝试，失败了后果也不是那么严重的时期。

到了今天，创业已经发展成一项专业化、职业化的社会活动，打个比方，创业就类似于在游泳池中竞速，并且还分成了蛙泳、仰泳、自由泳等不同的规范化的项目，有完整的体育规则，几乎不可能发生危及生命的意外。总而言之，创业这件事情与游泳一样，发生了以下演变：从活下来，到寻找机会，再到完成规定的动作并比谁快。如果非要评价这种演变，只能说现在的奥运游泳冠军肯定比历史上的"浪里白条"们游得更快。

2. 地利——空间维度上的特殊性

创业时首先要注册公司，注册公司必须有一个注册地，这就是"地利"因素最直观的体现，当然地利所涵盖的内容远不止于此。

初次创业的创业者可能并不能自由选择注册地，比如一个学生在广州毕业，如果要创业，多半就要在广州和老家城市两者中选择一个作为注册地；如果一个学生在上海毕业，没有特殊原因也不会跑到一个陌生的城市开始创业。可能创业者之前就想好了要进行哪个方向的创业，但所在地的加成还是需要考虑的。

作为首都，北京有着全国最多的人才和最充沛的资源，科技企业竞争激烈，但是上限也高；上海是我国的金融之都，但凡投入巨大资金的门槛高的创业在这里有更多的机会；广州作为广东省这一全国 GDP 绝对霸主的省会，各种工业企业繁多，要跟传统工业企业结合的创业最为合适；深圳目前被定义为创新之城，电子工业的产业链最为齐全，有新想法很快就能落地；杭州是我国互联网产业的发源地，也是基于互联网创业的首选。

当然，这些都是宏观趋势，具体到某个特别的点，变化就很多了。以广州为例，广州又分为天河、越秀、黄埔、白云等多个区，每个区的特色产业和重点扶持的方向也不一样，即使都扶持软件产业，软件当中又分成基础软件（操作系统、数据库、中间件等）、应用软件（游戏软件、教育软件、生活应用）等。需要创业者自己进行调研。

3. 人和——主观维度的特殊性

创业是一个长期而复杂的过程，往往在创业之初，你想做一件事，暂且把它称为 A，做着做着，做成了事情 B，最后是一个当初不起眼的附带产品 C 让公司维持运营并继续发展。这个"创业 ABC"的过程，对创业者尤其是第一次创业的创业者而言，是极其痛苦的。在这个痛苦的过程中，有人来共同面对是很幸运的。尤其是一次次失利、反转、被迫改变的过程，最好不要一个人承担。创业的伙伴（专业的说法是"合伙人"）就是这样的角色。这也是"人和"因素的突出体现。

初期合伙人的选择非常重要，一般而言遵从几个原则：第一是互补原则；第二是冲突管理原则；第三是融资原则。

互补原则指的是合伙人之间在专长、性格等方面要互补。专长方面的互补很好理解，在第 3 章讨论了创新型程序员和创业型程序员，既然要创业，那么团队中至少要有一个创业型程序员，创业型程序员在专业知识方面可能会有短板，所以正常情况下还需要至少一名创新型程序员，这就形成了专长上的互补。在无数的创业案例中都可以发现这样的组合：一个人负责技术，一个人负责市场；或者一个人主内，一个人主外。性格互补指两人的性格不同，只有合伙人在性格上外向和内向、冒险和谨慎都具备，才能使创业既不会因为"梭哈"导致崩盘，也不会每每错失良机。

由互补原则衍生出来的是冲突管理原则。首先人都是复杂的动物，想法多变，在极端环境下更是如此。两个或几个人合作做事情，专长和性格都不一致，那么矛盾和冲突是必然会发生的。如果一个创业团队内部没有吵过架，那么只能说这还不是一个合格的团队。创业团队内部观点不同很正常，以"创业 ABC"为例，从 A 到 B，从 B 到 C，每一次的转变必然都是一个人先发现并提出来，大家冲突以后再达成的一致。所以创业团队必须在创建之初矛盾还没有凸显的时候制定一些冲突管理的原则，即遇到问题时应该怎么办。其实在注册公司的时候，创业者必须提交一份公司章程，这份章程就是用来做这个事情的，也是国家对创业者的提醒。只不过大部分创业者都只在网上抄一份交差，并没有仔细琢磨里面的内容。可能会有读者想到，在创业初期进行一些简单的冲突管理就可以了，譬如老生常谈的"对事不对人""不要提破坏性的意见""多提建设性的意见"等。事实证明这些是靠不住的，仔细设置公司章程并严格按照公司章程办事和解决冲突才是根本之道。美国著名的企业家洛克菲勒有句名言："建立在商业基础上的友谊永远比建立在友谊基础上的商业更重要。"

如果正确地执行了前两条原则，那么或许有一天企业发展势头良好，能够（或者必须）进行融资了，就需要参考融资原则。每个创业团队对融资的态度和融资的原则都不一样，但是最好在初期就能达成共识，否则"财帛动人心"可不是一句空话。大家现在看到某些创业企业动辄估值一个亿或者估值 3000 万美元。大家可以在脑海里过一遍，看自己想到了什么。而实际上，无论想到的是什么，都是错误的。

一些曾经体会融资的酸甜苦辣的创业者给出的融资建议是：如果能不融资，就坚决不要融资！读者会觉得有些困惑，"不融资，我创业干什么？"或者"不融资怎么创业？"其实这个建议不无道理。

众所周知，融资的资金一般来自风险投资，简称风投，这是一种高风险、高回报的投资。风险高到有90%～99%的概率颗粒无收。按照数学期望，收益应该达到资本的10～100倍，才会有人去做这件事。而用直白的语言来描述，融资其实就是一种借钱的方式，比如融资了100万元，占公司10%的股份，那么公司估值已经达1000万元，听起来很美好。但是换个角度来看，这相当于借了别人100万元，如果公司倒闭，这100万元也不用还了，如果公司发展得好，那么大概要还款1000万元到1个亿。再换个角度来看，风投是资本的钱，而善于使用资本的人都称为"资本家"。当然，如果公司的产品确实有一定价值，但是又发不出工资，这时就不得不融资了。事实上，这种情况才是对创业者最大的考验。

将融资问题放到"人和"这部分内容介绍，还有一个现实原因：如果发生了融资，那么资本的代言人也会成为合伙人，也就意味着董事会里面不同的声音又多了，3.4节对CEO进行了讨论，由于创业者往往是自己公司的CEO兼董事长，因此与董事会中的成员进行沟通也是CEO的工作，董事会中不同的声音越多，为了保证公司正常运作，创业者需要自己去解决冲突的对象就越多。

4.3 如何撰写创业计划书

创业计划书是一份全方位的商业计划，一份好的创业计划书能够吸引投资商的青睐，让他们对创业项目的可行性和利润空间做出基本的判断，从而使自己的创业项目获得融资，创业计划书中应该包括所有能够让投资人感兴趣的内容，避免空洞。

项目简介、产品/服务、市场分析、竞争对手、团队、里程碑、财务预测,甚至股权结构、公司的组织架构等内容都应包括在创业计划书中,只有内容精确而详细、数据丰富、体系完整、装订严整而精致的创业计划书才能吸引投资商。投资商对项目商业运作计划了解得越具体,融资需求越容易得到满足,因此创业计划书与项目的成败紧密相关。

创业计划书的书写和创业本身一样是一个复杂的系统工程,并非天马行空就可以完成的,创业计划书的书写人,不但要对行业、市场进行充分的研究,还需要有很好的文字功底和准确的描述能力,对一个即将起步的企业,专业的创业计划书既是融资(开启市场的第一步)需要,也是创业者对自身创业项目的现状以及未来发展的全面思索和重新定位的过程。

4.3.1 创业计划书的撰写要点

首先介绍如何书写创业计划书的七项基本内容。

(1)项目简介

在当今的快餐时代,每个人都想要以最短的时间获得最关键的信息,以此来判断是否有必要深入了解。以论文为例,论文之多,浩如烟海,如果对每篇与自己相关的论文都进行深入了解,恐怕用一生的时间也看不完。因此,项目简介必须要做到先声夺人,在较短的时间内抓住人们的眼球。所以,项目简介是最挑战笔下功夫的。

项目简介是创业计划书的缩影,虽然不需要面面俱到,但一定要把计划中最关键的内容以最精练的语言描述出来。

1)用一句话清晰地描述你的商业模式,即你的产品或服务。

2)用一句话明确介绍你的创新点满足了哪部分市场或者用户的需求。

3)用一句话(包括具体数字)形容你的产品问世后的市场空间和发展前景。

4)用一句话说明你的创业团队与市面上已经有的类似项目相比,所拥有的独特优势。

5）用一句话来介绍你的团队最为突出的优势。

6）如果已经明确如何用产品进行盈利，则清晰地阐述产品的盈利模式；如果还没想好如何盈利，则直接说明用户量达到什么规模才能够支持创业者的盈利模型。

7）用一句话直接表明你期望的融资金额数量，以及融资金额的主要去向，而不需要详细展开讲。

（2）产品/服务

介绍自己即将研发的产品和提供的服务。不要说大话，比如"我们的主营产品是数据库，要打造世界上最好的数据库"之类的话。这种描述方式对项目没有任何帮助，应该对主要的产品和服务进行描述，越具体越好。

（3）市场

要直接描述出产品所针对的市场，包括存在多大的商业价值，以及你的目标是占有多少市场份额（切忌虚报和夸大，要根据自己产品的相关利润来估算真实的有效收入市场，VC（Venture Capital，即风险投资，简称为风投或创业投资者）首先是关注眼前状况，才会去看远景规划。）

有必要对自己的用户进行初步的规划，当然用户的数量并不能完全代表市场预期，如果高端产品和服务能够有一部分用户，也可以被认为有较广阔的市场前景。

务必进行有效的调研，准确指出有几家同行，并了解行业和市场的细节，以及打入市场的时机是否合适，这些工作即使你不做，VC 也会亲自去做，如果你能够提前进行调研，并且准确把握市场，自然更能获得 VC 的好感。

最后要描述你的市场营销策略，告诉投资人你的市场选址、独有优势，以及推广方式等，务必要遵循切实可行的原则，不要说"打算在全国推广"这种不切实际的话。

总而言之，应当论证整体的市场规模有多大，你是如何推算出的，以及这个市场未来的发展趋势。在论证的过程中切忌长篇累牍，简洁地说明你的推算依据和基础数据来源即可。投资人真正关心的不是这个行业有多大，而是这个行业和你的关系。

（4）竞争对手

目前的创业几乎都是虎口夺食，都是利用某方面的优势从老品牌手中争取客户，没有竞争对手的情况少之又少。你所提出的创新，投资者们会去老品牌那里了解相关情况，所以对竞争对手的分析一定要细致，即要从业务方向、产品、渠道、数据、技术等各个方面与竞争对手进行比较和分析，对于同行的直接竞争对手，要直面其优劣势，对于相关的间接竞争对手，也要给予足够的调研。切勿在计划书中贬低、回避、忽视竞争对手，而要客观地对其进行描述。

在思考竞争格局时，需要"站在未来看现在"，要考虑其他风险，如巨头切入等，一定要进行实地考察，媒体的烟幕弹不可信，否则容易产生错误判断从而致使经营战略失策，要尽可能分点、分类、言简意赅地说明自己的竞争优势。

（5）团队

团队不仅是一个创业团队的灵魂，也是VC重点关注的内容，应该对团队成员包括自己进行包装和介绍。

像比尔·盖茨和马云这样的人少之又少，在现实生活中，要想看出一个人的潜在能力几乎是不可能的，只能通过每个人身上的标签来判断一个人的能力，即通过以往的经历、学历、奖项等来判断团队成员的优秀程度。

比如，清华、北大的毕业生自然应当重点介绍，海归或者有大公司工作经验的团队成员也是要介绍的重要内容。如果以上都没有，也不要含糊其词，不要说某个成员经验丰富这样的空话，直接点出该成员的特殊才能，做过哪些项目、曾在公司担任何种职务，比如擅长数据库的处理、擅长应对高并发场景等均可以作为亮点来介绍。

（6）里程碑

创建公司就如同人生，什么时候中考，什么时候高考，什么时候大学毕业都是人生的重要节点，而且它们之间互相影响，后期发力几乎是不可能的。

所以对于早期的创业公司来说，"中考"是最关键的，也就是创业公司的第一笔收入：什么时候产品能够通过各种测试进入市场？公司什么时候有收入进来？什么时候能出入持平？

出入持平就相当于中考考得不错，能够进入重点高中，得到更好的资源学习。对投资人来说，他们看到自己的投资确实能够收回，自然更加有信心给你更多的融资进行规模扩大或者其他产品的开发。创业者必须明白，无论创立什么样的公司，如果只亏不进，好高骛远，认为后期可以将投资全部收回，那是不可行的。投资者们只有看到公司有盈利能力，才会做出下一步的融资打算，你不可能要求投资者无条件信任你的能力。一旦失去融资，所有的一切都将成为水中月、镜中花。

所以，务必对公司的每一个重要节点进行规划，确保公司稳步发展，并最终走向成功。

（7）财务预测

财务预测也是创业计划书最重要的部分之一，但是这往往是被许多创业者忽视的一环。这里要注意，除了在演示 PPT 中进行财务计划的基本介绍外，一份详细的 Excel 文件也是必需的，通常投资人对自己感兴趣的项目会要求查看其 Excel 财务计划文件。

创业者最少要做三年的财务计划以备查，五年是最稳妥的，但因为项目存在不可控性，第一年的财务计划务必做得详尽，其 Excel 文件中应该至少包括三张表：假设（Assumption）表、收入预测（Income Statement）表和现金流（Cash Flow）表。

上面的七项内容是企业计划书的基本介绍，即使是公司介绍，也应该包含财务预测，因为此处是商业计划书，针对的是投资人，既然需要融资，不可避免地会存在金融方面的问题。

下面是投资人特别关心的七个敏感问题。

(1) 股权结构

股权结构是公司治理机制的基础,它决定了股东结构、股权集中程度以及大股东身份、导致股东行使权力的方式和效果有较大的区别,进而对公司治理模式的形成、运作及绩效有较大影响,换句话说股权结构与公司治理中的内部监督机制直接发生作用。

可见股权结构的重要性,因此最好直接在项目中说明哪些人参与到了股权结构中,最好能给出股权表格进行基本描述。

(2) 公司的组织架构

组织架构(Organizational Structure)是指对于工作任务如何进行分工和协作。需要告知投资人公司如何运转、部门个数,以及人员分工,应当准备一张组织架构图以备查。

公司的组织架构有公司的特殊性,还应介绍公司注册地(比如公司注册在国外还是国内)、分公司、子公司和关联公司,以及投资人的钱从哪里注入,最为核心的就是公司的组织架构如何体现股东的利益,也应准备一张图以备查。

(3) 目前公司的投资额

直接给出公司目前已有的投资额情况,尽自己所能让投资者看到诚意,不必虚报以扩充门面。当然,自己一分钱也不投入的行为也是不妥的,投资者会认为你自己都不相信这个项目能成功,会让投资者产生动摇。

(4) 合约和订单

如今已不是口头协定、君子之交的时代,万事万物都有对应的条款,最好把自己的合同、意向书、订单之类的书面合约和订单给投资者查看,做事井井有条才更容易得到投资者的信赖。

(5) 收入模式

收入模式,即盈利模式,是管理学的重要研究对象之一。盈利模式指按照利益相关者划分的企业的收入结构、成本结构以及相应的目标利润。这里要强调的是,不要好高骛远,说自己的项目几十年后一定叱咤风云,成为行业的龙头老大,对第一桶金的介绍才能够吸引投资人。因为投资人要的是风险最小化,然后才是利润最大化。

(6)估值

这是创业者和投资者都避不开的问题,做好自己的心理预期:需要多少钱,让出多少股份。要明确提出要价,不能模棱两可,让投资者觉得自己缩手缩脚,减少对自己的好感。

(7)资金用途

资金用途就是告诉投资人怎么花钱。

一般的固定用途:人员工资、场地费、差旅、电脑、桌子、椅子、饮水机、一次性纸杯等。

一般的浮动用途有:项目的周转资金(预计达到某个营收所需要垫付的应收款,上游的应付账款),对应的维护资金,即打假、营销费用、公关费用等。

务必做出一份详细的资金用途表,将主要的资金用途罗列出来。

以上七项内容,是投资者最为关心的内容,成功构建它们将使你牢牢抓住投资者的心。

除了以上内容之外,还有部分建议性内容可以为创业计划书增光添彩。

(1)文档格式

无论是 PPT 还是 Word 文档,都务必图文并茂,用数据来说话,避免长篇大论。PPT 也不可过于花哨,重在简约、精练。

(2)字数控制

字数没有限制,内容言简意赅就好,但快餐时代,内容写得再多,投资者也不可能一一查看,因此要提炼最为核心的内容,把它展示给投资者。创业计划书一般以 14 页左右为标准,外加一页封面、一页封底(联系方法)即可。

(3)如何寻找 VC

自己寻找 VC 和熟人推荐 VC,本质上没有任何区别,只不过熟人推荐在时间上更快而已，并不会让项目的命中率提高。找 VC 之前，首先要了解自己，再去了解 VC。找 VC 不一定要找最好的，但要找最适合自己的。

另外，找 VC 时要有一种专注的精神，不要贪大求多。记得橡果国际当时只找了软银，没有再找其他投资人，这种态度值得赞赏，它确定已找到适合自己的投资人。有的企业会和每个 VC 谈，谁给的价高就要谁，这样会影响公司的长远发展。笔者认为一个企业最好只找一家 VC，这样公司会有一个比较明晰的愿景。一旦遇到问题，VC 也会全力以赴。但是如果有多个 VC，可能启动资金会多一些，但在公司发展过程中各个 VC 肯定会有不同意见。由于有多个 VC，每个 VC 投入的资金也不会很多，公司一旦遇到困难，他们不一定会尽全力解决。

不得不承认，由于目前我国公司在 VC 的助推下已高调进军纳斯达克，因此有些公司就开始漫天要价，VC 之间也形成了一种恶性竞争，投资过热导致 VC 界也开始出现流通性泡沫。

对创业者来说，资金并不是越多越好，公司在引进风险投资后很快垮掉的案例不是没有。原因有很多，最主要的是公司在引进风投的过程中头脑发热：有的公司引进资金过多，难以消化；有的公司引入多家 VC，使股权稀释；有的公司只看重金钱不看重 VC，导致公司在融资之后不能按原定计划稳健发展。

（4）是否需要 FA（Financial Advisor，财务顾问）

书写商业计划书是核心创业团队的任务，通常财务顾问是来帮你处理财务的人，他们几乎不知道创业的核心内容，并不能对你的商业计划书有多大的帮助，咨询尚可，但不能将商业计划、财务计划甚至融资这种事承包给财务顾问。

一旦与 VC 会面，财务顾问回答不出 VC 提出的问题，将会产生不必要的麻烦，所以至少在创业计划书上，要让自己来处理财务问题，以便更好地应对 VC 的询问，进一步拉近自己与 VC 的关系。

（5）是否需要律师

收到投资意向书后必须要找律师。一旦走入社会，维权是必不可少的。

（6）是否需要提防 VC 窃取商业机密

各行各业都讲究诚信，VC 做窃取商业机密这种事对其自身而言并没有任何好处，因为投资一个新上市的企业和维持一个老牌的企业，其中需要付出的代价差距不言而喻，前者的开销要小很多。理论上来说，VC 既然投资了一个公司，再窃取该公司的商业机密是很不划算的。

此外，以上说的是 VC 已经投资的情况，而在这之前，为了获得投资，需要经常与人交流，先要求其保密，甚至要签保密协议，出了问题要 VC 负责，这种做法容易失去大量的 VC。

（7）如何判断 VC 是否对项目感兴趣

首先准备三项内容：项目简介、16 页的商业计划书和完整的财务预测计划。

1）通过自身调研确定对口的 VC 名单，将自己的项目简介发送过去，这里要强调只发送项目简介，因为内容过多的邮件，会让人感到疲倦和反感。你的项目简介会在一大摞的商业计划书中脱颖而出。

2）如果投资人回信，则必然是询问详细的商业计划书，此时再发送详细的商业计划书即可。

3）如果再次得到回信，则将财务计划发送过去，让投资人觉得你已做好万全准备。

4）如果第一步没有回应，可以尝试第二步，如果仍没有回应，请尝试换一家 VC。

4.3.2 创业计划书示例

为了进一步说明创业计划书的内容，下面分别以一份网络上有代表性的创业计划书和两份来自软件工程专业本科生自己撰写的项目计划书为例，说明创业计划书的亮点和需要考虑的关键要素。

1. 代表性创业计划书范例

下面提供的 Airbnb 创业计划书是非常成功的范例。

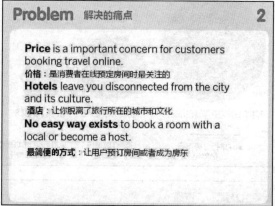

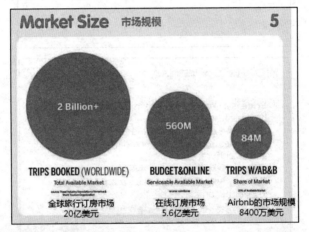

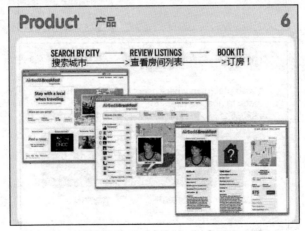

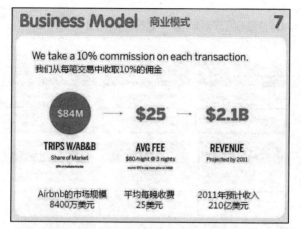

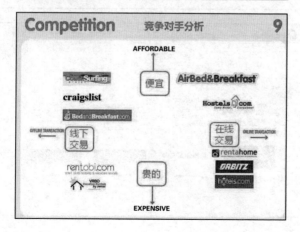

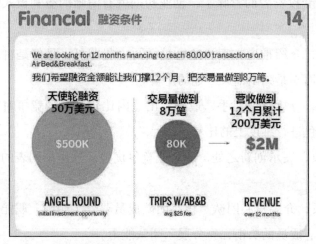

对 Airbnb 的商业计划书进行分析，可以发现这是一份非常优秀的商业计划书，可谓商业计划书中的范本。

第 1 页，简单描述产品用途，并且就 Airbnb 的名字进行解析，不需要花哨的修饰。（当然，这里稍微有些以成败论英雄的意味，PPT 应该朴素还是酷炫需要根据目标人群进行设计。）

第 2 页，列出当前市场和用户的痛点，这个痛点必须是经过调研且真实存在的，否则自己立一个靶子自己打就不合适了。

第 3 页，提出 Airbnb 的解决方案，标准的 O2O 方式，但是 PPT 写得简洁精确。

第4页，市场数据表明方法可行。

第5页，介绍市场规模，这是每个PPT所必备的。也就是说，别人如果投资了你，就是投资了这个市场。

第6页，展示Airbnb已上线的产品，这里需要表明自己的前期工作，即使是一个网站。只凭一个想法的创业项目，不是不能融到资，条件是需要创业者拥有很高的商业知名度或者相关的业界声誉。

第7页，列出清晰的盈利模式，这也是初次创业者往往不够重视的地方。前些年流行的烧钱模式（靠补贴打垮竞争者，然后实现垄断收益）已经越来越不受投资者的青睐了，创业初期就有清晰的盈利模式才符合现在的创业理念。

第8页，介绍推广方案，这里稍微写一些即可，最好是自己有把握的推广方案，而不是列出铺天盖地的广告。

第9页，分析竞争对手，最好给出业内比较知名的竞争对手，然后根据自己的特色进行维度上的比较。

第10页，展示创新之处，即企业竞争优势。这里用列表的方式易于突出重点。

第11页，介绍核心团队。核心团队成员要分工明确，职能互补。最好列出每个核心成员的头衔，充分展示团队能力。

第12页，列出目前取得的成绩。这里越详细越好，如果没有显著的成绩，也要收集社会上的正面评论。

第13页，用户的评价同样重要，尤其是ToC的商业模式。

第14页，说明拿到投资后做什么，这里需要有清晰的融资条件和目标。尽管最终的目的可能只是完成一个小目标，但是计划书中要有明确的达成路径。

2. 初级创业计划书案例

作为大学生创新创业类基础课程的教材，为了让读者更快速地掌握商业计划书的撰写方法，笔者从数百份本科生自己撰写的创业计划书中挑选了两个具有代表性的、符合大学生创业想法和平均技术水平的创业项目计划书进行展示，并给出一些分析，希望能从这些简单的案例及评论中为读者提供启发和指导。下面的创业计划书没有采用统一的格式，目的是使读者了解创业计划书所体现的项目创意是最重要的。

项目一　Project Keyboard（琴键计划）

（1）项目简介

开发配套的有线/蓝牙外设以及PC端/移动端软件，以极低成本满足用户对一台钢琴使用价值上的全部需求。

（2）产品

1）琴键形外设（模拟钢琴琴键外观），以及配套的支架（可供用户选购）。

2）配套软件，将外设输入转化为音频信号输出。

（3）市场

在一个人口基数巨大、经济稳步发展的国家，人们有着日益增长的生活需求，个人对音乐的消费、创作需求不断增长。钢琴作为"乐器之王"，赋予单人同时演奏两个声部的能力，受到大众的认可和喜爱，并且在中小学的音乐教学中处于必需品的位置，有着巨大的市场需求。

然而现实是，我国的钢琴普及率不到1%。造成这一事实的重要原因是传统钢琴的价格偏高。一台普通的家用钢琴价格在2万元至6万元之间，属于入门级钢琴。更加高档的钢琴价格可能达数十万元甚至上百万元。作为传统钢琴的替代品，电钢琴逐渐在国内普及，价格一般在千元以上，但是作为个人家用钢琴依然不多见。这样的价格足以让相当数量的初学者望而却步。如果有一款价格低至百元左右并能够实现钢琴所有使用价值的产品，那么其潜在市场是巨大的。

需要补充的是，本产品需要与PC端（移动端）相连接，基于我国个人计算机和智能手机的普及程度，这一点不难实现。对于条件困难的地区，只要学校配有计算机，使用本产品即可开展钢琴教学。

（4）竞争对手

传统钢琴、电钢琴。

本产品不需要传统钢琴精细的内部打击构造和调音过程，也不需要电钢琴自带的独立微计算机，只是将外设的输入信号通过计算机/手机软件转化为声音，即用户只需购入外设，具有绝对的价格优势。

支架可以帮助用户更好地模拟演奏实际钢琴的情景。如果用户不需要使用支架，只须将外设置于平时放键盘的位置即可，因此占用空间极小，使用便捷。

（5）社会价值

有助于钢琴的普及和大众音乐素养的提高。

（6）团队

1~5人，进行软件的开发、外设（琴键）的设计。

（7）盈利模式

琴键外设的成本可以对比键盘，在低价格的前提下仍然有很大盈利空间；配套软件设计、维护简便，可对比类似的输入外设数位板（数位板配套软件比本产品复杂得多，但几乎不需要维护），开发成本几乎为0。

（8）项目里程碑

1）实验版软件开发完毕。

2）设计用于测试软件的实验型外设并取得成功。

3）测试版软件开发完毕，小规模测试。

4）正式软件开发完毕，正式外设设计完毕。

（9）融资金额

2500元。2000元用于实验型外设设计，500元用于程序开发。

项目计划书分析

该项目具备一定的创新性，但是项目整体的合理性推衍和思考还不深入。

初看该项目，其实现的产品类似于很早之前就出现的电子琴，电子琴是一种模仿钢琴和管风琴而生产出来的低成本电子化乐器，虽然该产品从一定程度上能实现项目预期的功能，但似乎缺乏商业前景和创业价值。换一个角度来看，最近在中老年音乐爱好者群体中，流行一种叫作"电吹管"的乐器，该乐器通过与传统吹奏类乐器相类似的操作方式，可以发出各种乐器不同音质的声音，与电子琴有相似之处。同时，这类产品还有一个特点，就是价格高的产品销量反而更好，价格低的产品销量差很多。笔者调研了网上商城的评价，发现很多顾客购买便宜的产品之后又去购买了更贵的产品，原因是较贵的乐器类产品音质好很多，也具备更多的功能。

虽然音质的好坏可能是制作工艺和材料上的区别所导致的，但是"具备更多的功能"这一点，从软件工程专业的角度来考虑，就是计算能力和软件建模能力的差别，因此从这个角度来看，该项目提出的"琴键计划"有一定的发展潜力，可以重新审视一下。

首先，看项目需求是不是真实存在。随着居民生活水平的提高，艺术审美等领域的消费上涨是必然趋势，钢琴作为"乐器之王"是大家关注的焦点，而钢琴的价格居高不下也是事实，因此我国钢琴的普及率相对其他乐器而言确实不高，如果有一款低成本的模拟钢琴产品，其市场空间是比较大的。

其次，电子琴产品与该项目所设计的产品的差异性在于：电子琴能够利用的算力资源需要安装在电子琴内部，而因成本的限制，电子琴不可能使用算力特别高的芯片和设备，否则一旦造价成本超过 2 万元，消费者就会考虑直接购买钢琴。而该项目充分利用了计算机这一非常普及的产品。众所周知，计算机不仅仅有强大的处理能力，还配备了声卡、显示器甚至音箱等外部设备，可以被该项目进行充分复用，从而大大降低了产品的成本。

最后，关于如何给用户带来更好的体验，除了对应的钢琴键形外设的质感要好，更重要的是软件能否带来强大的功能，而这恰恰是软件工程专业学生的强项，他们可以通过不断改进算法、改进界面、增强运营来让用户对产品更加满意。

因此，该项目的核心在于找到了一个既能够发挥计算机软、硬件优势的应用场景，同时又有一定的市场前景。关于融资金额方面的预估，大家可以忽略，本科生对项目涉及的金额，无论是研发投入还是项目估值，都很难有比较清晰的概念。

项目二 基于 Unity 的 3D 解密游戏

（1）项目简介

自 20 世纪 90 年代电子游戏进入我国后，随着国内信息技术和网络技术的快速发展，电子游戏行业丰富了千万网民的生活。部分知名游戏，例如《马里奥》《塞尔达》《火焰纹章》等游戏的问世，给游戏产业带来了巨大的收入，很多经济强国目前都将游戏产业作为国家重点产业来发展。本项目的主要目的是完成一个以色彩为主题的 3D 解密游戏，平台为 Windows 电脑端，玩家可以通过键盘操纵游戏角色在场景中进行探索，使用鼠标进行视角移动、解密等。在本程序中，用户可以体验到完整游戏的流程，包括游戏的开始、中间剧情和结局。

（2）项目背景和市场分析

游戏分为单机游戏和网络游戏两大类，网络游戏又称为网游，这类游戏通过互联网连接，使各个地区的玩家能够互相交流、共同探索。与网络游戏不同的单机游戏无须网络连接，可离线操作。据 Newzoo 发布的《全球游戏市场报告》显示，全球游戏玩家在 2016 年创造了 996 亿美元的收入，比 2015 年增长 8.5%，其中单机游戏收入占 73%。通过这些数据可以看出，单机游戏在全球范围内是非常有生命力和发展潜力的行业。

大型单机游戏的开发周期普遍较长，开发规模巨大，开发耗资极多，所以对于初创团队而言，使用开源的游戏引擎制作游戏是一种性价比最高的方案。以中低端设备为目标的 Unity 游戏引擎在 2005 年发布了 1.0 版本，近几年，Unity 更是保持每年更新，变得越来越强大。国内用 Unity 制作的游戏非常多，比如当下热门的《王者荣耀》《原神》等。

（3）项目拟完成的功能

- 制作游戏的基本 UI 界面，如开始、加载、设置、结束界面等。
- 设计能衔接游戏流程的剧情。

- 设计与游戏主题相契合的多样的游戏场景，以及场景中可以与玩家发生交互的元素。
- 设计并实现玩家的基本操作方式。
- 提供游戏的一些基本设置，比如画面效果、声音等。
- 对游戏的资源进行统一管理。
- 实现整个游戏流程。

（4）项目的技术储备

团队核心成员能熟练使用 Unity 引擎，并能够制作引擎中没有提供的一些功能，以达到游戏中需要的效果，举例如下。

1）使用高斯模糊实现景深。

游戏中有时候需要让玩家的视野局部模糊，在 Unity 中，可以通过在 Canvas 上直接覆盖一些透明的模糊图来实现，但这种实现方式不够灵活，在模糊区域变更以及模糊程度变化时，不方便调节。本项目以类似景深的方式实现了这种效果，达成了模糊区域和模糊程度都十分容易调整的效果，并且更贴近真实场景。

2）使用遮挡剔除实现 CPU 优化。

遮挡剔除技术是指当前场景内的物体被其他物体遮挡住，使相机看不到被遮住的物体，从而不渲染这部分物体的技术。类似的技术还有视椎体剔除（View Frustum Culling），但视椎体剔除只是不渲染相机视椎体以外的物体，而遮挡剔除即使物体在相机视椎体以内，只要被别的物体遮挡住，也不会进行渲染。

（5）财务支出预测与运营

项目开发的游戏采取与大的游戏平台合作的模式，例如腾讯的 WeGame 平台、网易云游戏平台等，按照比例分成。

前期的财务支出可以由同学自行承担。

项目计划书分析和点评

该创业项目是校园创业的热门类型——游戏制作类，为尊重知识产权，本节对项目的游戏流程设计进行了删减，从一个更加普遍和通用的角度来讨论游戏类创业。

游戏类的创业和其他创业类型有很大的不同，其他的创业类型，不管是电子商城还是O2O，都具备线上/线下（或者说虚拟和现实）相结合的特性，对于初创团队而言，线下部分实施起来是非常困难的，涉及一系列需要花费大量人力和物力来处理的事务，譬如网点铺设、广告、获客以及结算等。而游戏类的创业项目几乎90%以上仅在线上（虚拟空间内）就能完成，这无形中缩小了大学毕业生创业团队和老牌创业团队在阅历、资源和人脉方面的差距。

举个例子，本项目计划书在"财务支出预测和运营"方面虽然只写了两句话，但这就足够了。腾讯和网易这样的业内龙头企业为游戏开发者提供了功能强大的运营平台，游戏开发者不用为游戏的运营耗费太多的精力，游戏的获客、销售分发、更新、收费都有一整套完善的流程，虽然平台会收取一定比例的服务费，但是笔者认为与平台为创业团队提供的便利条件相比，开发者投入这笔费用是完全值得的，这也能大大降低初创团队由于运营经验不足而导致好产品失败的可能性。如果游戏本身的品质足够好，还可以尝试通过国际渠道发布，如Valve公司提供的Steam平台。《太吾绘卷》这款游戏就是首先在Steam上发布后获得了巨大的成功，曾获评Steam"2018年度人气最高游戏"。

有关游戏领域的创业，笔者认为还可以多说几句。

席卷世界的新冠肺炎疫情在对实体经济造成重大打击的同时，也在无形中促进了以游戏产业为代表的虚拟经济的发展。客观上来说，软件工程专业的本科毕业生甚至在校学生如果开启游戏开发的创业之路是性价比最高的一种途径，因为不但开发游戏需要掌握的技能与本科学习的内容高度重合，而且创业之初并不具备的社会技能可以由游戏平台帮忙提供，同时，初期开发费用也较低。因此，从这个角度来说，如果软件工程专业的毕业生想自己创业，那么游戏开发是成功率最高、投入最小的方式，也就是数学期望最高的方式。

但是换一个角度来看,笔者希望大家不要都投入该领域。一方面,软件工程专业的学生作为工科生,承担着振兴国家实体经济的重任,而且传统行业与信息产业的结合也是未来几十年实体经济发展的重点;另一方面,游戏行业毕竟带有虚拟经济的特点,天生自带杠杆属性,爱冒险的年轻人面对虚拟经济的高投机性难以把握自己。

4.4 创业公司案例

创业案例可以说数不胜数,了解几个案例后,就容易产生"世界那么大,我想去看看"的念头。对这些案例的分析,哪怕只是个例的分析,都可以专门写一本书来讨论,所以本节也只选择其中一些案例进行简单的介绍。

4.4.1 美团——艰辛而又励志的创业历程

美团网是2010年3月4日成立的团购网站,是国内第一家团购网站,是最大的电影O2O平台、最大的酒店团购分销平台、第二大酒店在线分销平台、成长最快的外卖平台,也是中国最大的本地生活电商平台,年交易额超过460亿元人民币,市场份额接近60%。美团的使命是连接人和商户,遵循以客户为中心的价值观,专注于本地生活服务电子商务。目前,已经在北京、上海、广州、深圳等多个城市开站,除港、澳、台之外,已经覆盖全国所有省、自治区和直辖市,合作商家超过60万,拥有超过10 000名员工。美团网有"吃喝玩乐全都有"和"美团一次美一次"的服务宗旨,总部位于北京市朝阳区望京东路6号。美团的使命是"帮大家吃得更好,生活更好"。作为中国领先的生活服务电子商务平台,公司拥有美团、大众点评、美团外卖、美团打车、摩拜单车等消费者熟知的App,服务涵盖餐饮、外卖、打车、共享单车、酒店旅游、电影、休闲娱乐等200多个品类,业务覆盖全国 2800 多个县区市。2020 年 3 月 26 日，美团发布了 2020 年第四季度及全年业绩。得益于中国经济的强大韧性与活力，2020 年其主体业务保持稳步增长，全年营收 1148 亿元，创下历史新高。

（1）创业伊始

2010 年以来，中国互联网行业掀起一股"团购网"创业热潮：美团网、爱赴团、聚划算、米团网、窝窝团、赶团网、糯米网……超过 2 万名创业者涌入该领域，拉开了中国互联网领域"百团大战"的序幕。

网络团购打破了很多人的最低价格预期。打开团购网站的主页，人们会发现，1 折上下的团购活动比比皆是。而面对动辄吸引成千上万买家的团购项目，商家也大呼"太火爆，没想到"。然而，在美团网总裁王兴看来，"信息爆炸的时代，缺的不是信息，不是选择，而是用一个合适的方式帮顾客减少选择的成本"。团购就是这样"一个合适的方式"。

王兴是最早发现这个"方式"的人之一。不过，这已经不是他第一次找到"合适的方式"了。作为中国互联网领域的连环创业家，王兴曾一手创办了校内网、海内网、饭否等人们耳熟能详的网站，却因种种原因都以失败告终，但他既没有丧失创业激情，也不缺乏"预见未来"的"运气"，从当前团购市场的火爆程度可以看出，这一次他押对了宝。而盘点过往的创业经验，王兴这一次应该如何做才能获得真正的成功？

创业路上不可能不经历波澜，刚开始的时候，行走在创业梦想道路上的他也是连连失利。2001 年，王兴清华大学毕业后怀揣梦想去了美国，2005 年，马克·扎克伯格在哈佛大学宿舍里创办了 Facebook（Meta），同年秋天，回国的王兴受其启发针对大学生群体做起了 SNS 校内网。该网站发布仅仅三个月，就吸引了 3 万个用户，到第二年，校内网成为全球最大的中文社交网站。但在当时，几百万的活跃用户并不能带来直接的收益，而且用户越多，消耗越大。王兴面临三大瓶颈：一是开发，二是推广，三是融资。而最根本的问题还是"经济基础决定上层建筑"。

当时王兴确实太年轻，他把融资的希望只寄托于一家美国 VC 身上，而选择它的理由仅仅是因为有个美国朋友知道这家公司。但王兴不知道的是，这家公司并没有在中国开展常驻业务的打算，虽然最终美国总部派人来走访市场，但却恰恰赶在暑假——学生们都放假了，调研数据很不好。此时的王兴想要再换VC，却已经没有机会了。于是2006年，融资失败的王兴不得不以200万美元将校内网卖给了陈一舟。

虽然王兴后来创办的校内姊妹网——海内网也火了一阵，但时机已逝，在SNS大战中，海内网既没能够青出于蓝而胜于蓝，也没有雄厚的实力与"人人网""开心网"等后起之秀相较量。于是，2009年，在一些铁杆"粉丝"的缅怀声中，海内网安然关闭了。

《圣经》中说：当上帝关了这一扇门时，一定会为你打开另一扇门。虽然海内网关闭了，但王兴之前创办的饭否网火得一塌糊涂，更有了一批"死忠"。这一切得益于微博的兴起和Twitter的流行，而当饭否网就要成为中国第一微博时，由于其言论管理不规范而被迫关闭。但这一切都没有打消王兴的创业激情，创业先遣队再次出征，这次他总结了过往失败的经验，为的就是更加聪明地前进。

（2）创业团队

对于一个年轻的创业者来说，合伙人的选择范围并不大，通常就是同学或者同事。因为这两者是平常能够高频率接触的人，只有高频率的接触，才能较好地了解对方。其他关系很难建立足够的信任。当然，在团队的扩张过程中，这种以纯粹的个人关系建立的纽带会逐渐淡化，维系团队的纽带会逐渐演化成明确的游戏规则，以及共同的理念、价值观和梦想。

2004年，王兴的中学同学赖斌强加入了这个"不老实读书、不好好工作、整天瞎折腾"的团队，成为三人中唯一一个计算机专业出身的伙伴。后来，王兴不参与编程，王慧文和赖斌强没有任何抱怨。他们知道，这是团队必须做的事，无论如何，必须有一个人不能陷入日常的技术工作里。大家都埋头做技术，就没有机会关注外部世界，会跟这个世界脱节，创造出来的产品只是满足假想中的需求，也可能在时代大趋势中错失机会。

他们从过去的创业故事中积累了很多经验，意识到合伙人碰到分歧时该怎么办：确立公司治理结构的重要依据是"愿赌服输"。事情由谁决定呢？归根结底由 CEO 决定，这就是游戏规则。从三个人做对了一件事，到后面扩张到数千人，美团网也受益于这笔精神财富：尊重游戏规则的理念。这个团队一直没有散，就是因为很多事情做得有章法、按规矩。形成的观念就是：合伙人要有分工，一定要有人专注外部世界。人如何能有长远的眼光呢？如果不观察外面的世界，只顾埋头干活儿，哪里来的眼光呢？

（3）商业模式

2010 年 3 月 4 日，美团网上线，成为中国第一家团购网站。至 2020 年，餐饮外卖全年交易数同比增加 16.3%，至 101 亿笔交易。其中，2020 年新上线美团外卖的品牌商家数同比增长 127%。

美团网得以成功的缘由就在于他们有一套完整而又科学的商业模式。首先，美团网创业团队深知顾客细分的必要性，不是一味地在网上对已有顾客进行强力网络营销，而是将顾客细分为两种，即线上顾客和线下顾客，而其关键就是线上网站最大限度地带动线下实际消费，释放人们的消费需求。虽然在现代社会人们不缺少选择的机会，但是为了节省时间和精力，需要有专门的人为他们提供最具生活品位的消费场所，因此他们喊出这样的口号：我们就是"消费顾问"的角色。其次，客户关系管理具有不同层面和内涵，美团网正是抓住了不同的层面和内涵来管理其客户关系，始终奉行"以客户为中心"的管理模式来提高"用户黏性"。在辨识顾客层面，美团网将注册顾客纳入其营销数据库，采集顾客的相关信息，验证并更新顾客信息，同时删除过时信息；在了解顾客、区分顾客层面，美团网在对顾客进行差异分析的情况下，细分其层次，包括线上顾客和线下顾客；在服务顾客层面，美团网针对不同顾客采取了不同的营销手段，例如针对安卓手机用户推出"美团手机客户端"，让用户可以随时随地享受团购便利；在捆绑顾客、优化顾客价值层面，美团网更是推出许多活动来实现这一层面的目标。最后，关键商业活动是其立身之本，作为团购型网站，团购市场自然是其主要商业活动领域。此外，美团在此基础上进行了双向商业活动，一方面美团要处理跟商家之间的利益关系，每个商家所处的地理位置、提供的特色服务，以及店面成本都不同，无法制定统一的标准，另一方面，美团"以客户为中心"的营销模式又决定了其必须充分考虑消费者的立场，代表用户利益的美团网与商家有一个博弈过程，"美团的利润不会超过1折，比如上述3.4折，美团也就从中获利0.5折左右。虽然没有正式盈利，但是基本能维持正常运营。"王兴说道。所以说，美团在兼顾商家和消费者利益的前提下，推出了一系列"返利""让利"活动，力求争取更大的团购市场份额也是他们取得成功的关键所在[5]。

（4）创新技术

近年来，美团点评一直致力于用技术重新定义服务行业，事实上他们也做到了。人工智能配送系统将配送时间缩短至28分钟，每一次的及时配送，背后都经过上亿次的计算，才能得出最优化路径。高盛认为，人才、数据、基础设施以及计算能力这四个领域，可以对人工智能起到关键作用，而且会为人工智能的发展带来价值。而美团点评一直利用自身的优势，在大数据上独辟蹊径，用技术推动服务升级。

此外，在智能设备的牵引之下，美团推出无人配送开放平台，将自动驾驶技术商业落地外卖配送。除了已经投入试运营的无人车"小袋"，美团还发布了无人配送新款概念车与无人机。其中，新款概念车采用L4级别自动驾驶技术，使用激光雷达、超声波、摄像头等多传感器融合方案，具有城市道路低速自动驾驶的通行能力。公开资料显示，美团从2016年就开始进行无人配送的研究了；2017年，第一代无人配送车"小袋"诞生；2018年3月，美团进行无人配送车的落地测试运营；2021年4月，美团宣布新一代自研无人配送车在北京顺义正式落地运营。截至目前，无人车配送服务已覆盖20多个小区，累计配送3.5万订单，自动驾驶里程近30万公里。

"无人配送的落地会带来技术挑战，其中最难的挑战是将技术与商业、用户体验有效结合，这也是我们推出无人配送开放平台的原因。"美团联合创始人、高级副总裁王慧文在发布会上表示,其无人配送开放平台旨在构建一个完整产业生态圈。

(5)企业文化

企业得以发展壮大,它所具备的企业文化是必不可少的,而美团的企业文化用"和谐"两个字来形容再合适不过了,企业员工相互之间所用的称谓并不只是上下级之间的关系,更多的时候是亲切地喊一声外号。对于企业文化,他们依旧坚持以下几个理念:首先,消费者第一,商家第二,随时随地维护美团形象,积极主动为商家解决问题,即使不是自己的责任,也不推诿,站在商家立场思考问题,最终令商家满意,具有超前服务意识,防患于未然;其次,富有激情并且喜欢自己的工作,认同美团文化,热爱美团,不计较个人得失,碰到困难不退缩,敢打硬仗,狼性团队,善打硬仗,今天的最高表现是明天的最低要求;再次,诚信、诚实、正直,言出必行,言行一致,不受利益和压力的影响,通过正确的渠道和流程,准确表达自己的观点,表达批评意见的同时,能提出建设性意见,不传播未经证实的消息,不背后不负责任地议论人和事,勇于承认错误,敢于承担责任;最后,牢记敬业使命,上班只做和工作有关的事情,没有因工作失职造成的重复错误,今天的事情不推到明天,遵循必要的工作流程持续学习,自我完善,做事情充分体验以结果为导向,正确安排工作优先级,做正确的事,持续改善,把事情做到极致。

(6)企业当前成果

美团发布的 2021 年第二季度的财务报告显示,美团二季度的营收为 437.6 亿元,与去年同期的 247 亿元相比,同比增长 77%,超出了市场预期的 423.57 亿元。

美团营收的大幅度增长与其多项业务的强劲增长不无关系。财报数据显示,美团主营的餐饮外卖业务营收为 231 亿元,同比增长了 59%;到店、酒店及旅游部分的营收为 86 亿元,同比增长了 89.3%;新业务及其他板块的营收为 120 亿元,同比增长了 113.6%。

而美团业务的亮眼表现与其交易用户数的持续增长有直接关系。财报数据显示，2021年第二季度美团的年度交易用户数为6.28亿，与2021年第一季度相比，环比净增长了5940万；活跃商家数也由2021年第一季度的710万增长至现在的770万。另外，美团用户的年均交易笔数达到了32.8笔，同比增长了27.8%。

得益于美团不断拓宽消费场景、进行服务升级以及实行市场下沉的积极策略，美团的外卖业务也保持了较快增长。财报数据显示，2021年第二季度，美团的餐饮外卖业务交易金额为1736亿元人民币，同比增长了59.5%；餐饮外卖的日均交易笔数为3890万笔，同比增长了58.9%。从营收构成来看，美团的餐饮外卖业务在其总营收结构中所占比重超过半数。

对于电商来说，搜索阻力并不是很大，因为消费者可以通过电商平台对商品的价格和品质有所了解。但对很多线下门店来说，这个阻力依旧存在。不过，在餐饮行业，搜索阻力因为美团的存在而大幅下降。餐馆将产品上线到平台，用户可以通过美团外卖、美团、大众点评等App了解餐品的价格、口味，以及其他用户的评价。这自然降低了搜索阻力。如今，美团在餐饮领域占据绝对优势后，开始进入新的行业。随着超市、便利店、服饰店等其他业态的门店接入美团平台，可以预见这些行业所面临的位置阻力和搜索阻力也将有效缓解。同时，美团的商业版图也将顺势扩大。

展望未来，美团点评可能将在餐饮、娱乐、旅游等多个领域实现对消费者个性化的推送，成为一个以数据和技术驱动、服务范围覆盖全国的多品类电商服务平台，真正实现"线上＋线下"闭环。这无疑是一个史无前例的商业形态。

通过以上几点，读者能够很清楚地了解创业是一件十分艰辛的事情，需要创业者准确瞄准行业的规则，用自己的好奇心将探索精神发扬光大，然后立足创新的理念，不断地用技术来支撑自己的梦想。美团创始人王兴个人身家突破400亿元人民币，这个数字的背后不仅仅是财富的积累，他的创业思想值得所有人学习和借鉴。

4.4.2 科大讯飞——专注技术创新，终获成功

科大讯飞股份有限公司（iFLYTEK CO., LTD.），前身为安徽中科大讯飞信息科技有限公司，总部在合肥，成立于1999年12月30日，2014年4月18日变更为科大讯飞股份有限公司。2003年，科大讯飞获中国语音产业唯一的国家科技进步奖二等奖，2005年获中国信息产业自主创新最高荣誉"信息产业重大技术发明奖"。2006年至2011年，连续六届在英文语音合成国际大赛中荣获第一名。

智能语音服务在现代快节奏的生活中具有十分重要的作用，而作为一家专门从事智能语音技术服务的供应商，科大讯飞在业内的专注度可谓一流，力求做行业标杆的科大讯飞也一直在以技术创新作为驱动企业全方位发展的行动指南。

科大讯飞在智能语音技术领域有着长期的研究积累，并在中文语音合成、语音识别、口语评测等多项技术上拥有国际领先的成果。它是我国唯一一个以语音技术为产业化方向的"国家863计划成果产业化基地""国家规划布局内重点软件企业""国家火炬计划重点高新技术企业""国家高技术产业化示范工程"，并被工业和信息化部确定为中文语音交互技术标准工作组组长单位，牵头制定中文语音技术标准。

基于拥有自主知识产权的世界领先智能语音技术，科大讯飞已推出从大型电信级应用到小型嵌入式应用、从电信/金融等行业到企业和家庭用户、从PC到手机，能够满足不同应用环境的多种产品。可以说，以科大讯飞为核心的中文语音产业链已初具规模。

2020年8月23日，科大讯飞发布了2021年半年度报告。报告显示，2021年上半年科大讯飞营收63.19亿元，同比增长45.28%，净利润4.19亿元，同比增长62.12%，扣非后净利润2.09亿元，同比增长2720.80%。

在消费者领域，科大讯飞不断围绕办公及学习场景，推出了讯飞办公

本、讯飞翻译机、讯飞录音笔等多种 AI 智能产品。报告期内，在主营业务中，消费者类业务占营收比最高，达到了 29.76%，其中智能硬件业务实现营收 4.26 亿元，同比增长 40.72%。

科大讯飞所拥有的实力与知名度与一个人有着莫大的关系，他就是董事长刘庆峰，因为他深知在人工智能领域，只有核心技术具备了话语权，企业才有话语权；只有国家和行业在核心技术上有影响力，国家才可能在全球有影响力。所以科大讯飞坚持核心技术全球领先。

那么这样一家具有强大创新能力与执行力的企业是如何一步一个脚印地发展起来的呢？下面将从公司创业伊始进行详细分析，以供大家思考。

（1）创业伊始

科大讯飞的前传离不开人机语音通信研究评测实验室，这是中科大电子工程系的实验室，导师是王仁华，他是中国语音界著名的泰斗级老教授。20 世纪 90 年代，国内做语音首推"二王"，南边是王仁华教授，北边是清华大学的王作英教授。

作为主力骨干，科大讯飞创始人刘庆峰于 1990 年考入中国科学技术大学。王仁华老师把他的学生分成两部分，一部分是挣钱的，一部分是搞研究的，刘庆峰就是搞研究那部分人的领头羊——虽然只是本科生。1998 年，在"国家 863 计划成果比赛"中，刘庆峰牵头完成一个语音合成系统并获得第一名，这个奖给刘庆峰很大的鼓舞，他觉得应该做些什么，那便是把这个研究成果进一步产业化，于是就有了创业的打算。

创业的第一步不是马上成立一个公司，当时刘庆锋鼓励大伙儿把技术做好，这是他当时认为最重要的事情。于是刘庆锋立马找到了一家企业寻求合作，该企业出资在中国科学技术大学开办一个联合实验室，全称为"中国科大中银天音智能多媒体实验室"，刘庆锋就是实验室的主任，也是中银天音公司的总工。这相当于企业出钱搞一个研发成果，去市场上推广。实验室运行时间不长，正式挂牌是 1998 年夏天，到 1999 年春节前后，福建中银集团经营上出现了困难，连实验室员工的工资都发不出来，情况非常严峻。当时,实验室主任刘庆峰并没有对大家说中银集团没法发工资,他背着大家偷偷四处借钱,给员工发了工资。他当时也只是"打工仔",但为了团队不被解散,自己借钱发了工资。借钱的时候他的心理也受到强烈的冲击——要有自己的公司,把命运掌握在自己手里。于是就有了后来的硅谷天音,全称为安徽硅谷天音科技信息有限公司,是一家注册资金300万元的小公司,它就是科大讯飞的前身。

讯飞犯过无数错误,走过无数弯路,后来大家把它叫作"弯曲的直线"。"弯曲的直线"的另一方面是教育产品。当时公司的教育产品线已经很长了,早期的教育产品叫"会说话的书",这是2002年开始的重要项目,在书籍下面有一个存储装置,包含语音合成芯片,通过该芯片可以把书中的内容读出来,适合孩子阅读。

语音合成怎么用?当时想的就是大家除了看书以外,还有听的需求。科大讯飞的电子阅读器相关产品是公司尝试的硬件产品。现在看来,这些产品还是比较落伍的,工业设计水平都比较低,包括用户体验也都不太好。但是,这次尝试后保留下来的教育产品线,现在已经有几百人和几亿元的销售额,可能未来销售额会达到几十亿元。如果当时没做现在看来疯狂的傻事,就没有今天的发展。在这个过程中,公司的战略目标逐渐清晰:从全球最大的中文语音技术和语言技术提供商,发展为全球最出色的多语种技术提供商。

(2)创业团队

科大讯飞是一家技术性企业,那么创业团队的建设也是决定企业命脉的关键。创建核心团队有两个重要的因素,一个是共同的事业心,一个是一把手,这两点是最重要的。

第一,共同的事业心。说起来简单,要真正做到"一切以企业利益为重"。比如在科大开始创业时,团队成员个个都很厉害,他们讲奉献、能加班、能吃苦。可是在公司发展过程中,很多时候需要团队之间相互协作,甚至需要团队或个人为了共同的事业来承受委屈,这时很多人就承担不了了。

当团队中的每个人真正地把个人的成就感融入整个团队和企业未来发展的过程中去,这样的团队在任何困难下都能有凝聚力,这是非常重要的保障。

第二,一把手也特别重要。做CEO首先要有创造力。要能文能武,能带队打仗。其次,要有刘备的心胸。不仅能够三顾茅庐聘请到诸葛亮这样有能力的人,对周围人也要做到心胸宽广。做技术的时候,找到了更优秀的人,你要对他非常客气,所以CEO的包容心很重要。

团队建设是一个持续的过程,除了CEO自己的学习,还有整个团队成员的学习,包括团队的行为方式和整体的沟通技巧等。正是在这种思想的指引,大家才能看到现如今以刘庆峰为主力,以江涛和张少兵为辅助的创业领军团队,他们深知自己的定位,团队协作也十分出色,这也是他们成功的一大缘由。

(3)商业模式

一家企业能够快速实现崛起,除了拥有足够的人才优势之外,最重要的是他们走了一条怎样的路,简而言之,商业模式决定了企业自身能够到达怎样的高度。科大讯飞(在数字教育领域)的商业模式主要有以下三个要点。

1)科大讯飞的主要业务逻辑是以具有优势的核心技术为中心,向技术支撑层及应用层进行业务拓展。

科大讯飞在智能语音领域具有自主核心技术,包括语音合成、语音识别、语音评测、声纹识别,以及手写识别技术。它从自身核心技术出发,开发出系列语音支撑技术,为不同的行业企业和移动互联网开发者提供语音技术和语音应用开发工具,这些企业和移动互联网一方面成为其客户,一方面为其提供了丰富的语音数据,进一步提升了技术的优势。

通过语音支撑技术,科大讯飞一方面与合作伙伴合作开发了一系列行业应用产品,另一方面独立开发了系列应用产品,使其产品系列非常丰富,同时逻辑主线又非常清晰。具有高壁垒的核心技术为其向不同领域的拓展提供了无限可能。这种发展模式值得大家学习。

2）在教育领域，借力刚性需求及全国性主管机构的力量蓄积势能。

在教育领域，采用"考试落地→学校推广→获取学生用户"三步走的战略，先进入的是有刚性需求的领域，如考试、考场管理、普通话测评等，主要和全国性、区域性的主管机构合作进行项目开发，通过这些位于金字塔顶部的业务形式与教育领域建立长久的合作关系，为其进一步向其他教育领域拓展蓄积了较强的势能，再向更广阔的金字塔底部扩展。

3）善于向在不同领域具有优势地位和资源的合作伙伴借力，形成利益共同体。

科大讯飞与教育主管部门、主要教材出版单位、传媒集团、三大移动运营商等各领域龙头机构建立合作关系，将之发展成为自己的合作伙伴、客户和渠道。

科大讯飞依托自己的核心技术优势，在语音相关的业务拓展上有很强的可塑性，也具备一定的市场实力和市场地位。但这并不是说它可以高枕无忧。腾讯、百度等具有大数据优势、且可以获得丰富用户语音资源的互联网公司也看好语音市场，目前正在大力进入。例如，腾讯曾与科大讯飞合作智能语音微博插件——"会说话的微博"，但这个插件并没有得到很好的推广。腾讯在看到语音市场的广阔前景后，通过与科大讯飞合作学习，自己做起了语音技术，从微信 5.0 开始，将其用在了微信上。腾讯借助拥有海量用户的 QQ、微信，可以很方便地获取丰富的语音数据，例如，腾讯公益做过一个捐献声音的活动，从中容易获取大量的阅读语音，从而进行语音相关技术的研究和开发。

（4）创新技术

科大讯飞在智能语音核心技术研究领域，一直秉承"从市场中来，到市场中去""用正确的方法做有用的研究"等核心理念，致力于建立智能语音及语言核心技术和核心技术应用产业化两大方面的竞争力。科大讯飞的核心技术主要包括：语音识别技术、语音合成技术、自然语言处理技术、语音评测技术、声纹识别技术、手写识别技术等。科大讯飞始终坚持在该领域通过不断的技术创新来推进企业的进一步成长，具体表现在以下方面[6]。

第一，语音识别技术，该技术在"能听会说"的智能计算机系统中扮演着重要角色，相当于给计算机系统安装上"耳朵"，使其具备"能听"的功能，进而实现信息时代利用"语音"这一自然、便捷的手段进行人机交互。

第二，语音合成技术，它涉及声学、语言学、数字信号处理、计算机科学等多个学科技术。语音合成技术解决的主要问题是将文字信息转化为声音信息，即让机器像人一样开口说话。

第三，自然语言处理技术，该技术所涵盖的研究内容非常广泛，从研究成果的表现形式来说，基本可以分为基础研究和应用两大类。基础研究主要指对自然语言内在规律的研究，从研究深度和难度上大致可以分为词典编撰、分词断句、词性分析、语言模型、语法分析、语义分析、语用分析等。应用研究主要指基于基础研究的成果，面向不同的应用，研发相关的自然语言处理技术。

第四，语音评测技术，该技术又称为计算机辅助语言学习，是机器自动对用户发音进行评分、检错并给出矫正指导的技术。语音评测技术是智能语音处理领域的研究前沿，同时又因为能显著提高受众对口语学习的兴趣、效率和效果，而有着广阔的应用前景。

第五，声纹识别技术，该技术是一种通过语音信号提取代表说话人身份的相关特征（如反映声门开合频率的基频特征、反映口腔大小形状及声道长度的频谱特征等），进而识别出说话人的身份等方面的技术。它可以广泛应用于信息安全、电话银行、智能门禁以及娱乐增值等领域。

第六，手写识别技术，该技术是一种让计算机能够"认识"用户在手写设备上书写的文字信息，将有序的笔迹轨迹转换为用户所书写的字符的技术。手写识别技术在智能手机、平板电脑等移动终端设备上为用户提供了一种比传统输入方式更为便利的交互方式。它使得不熟悉或不方便键盘操作的用户也能轻松上手使用各类电子设备。

近年来，在人工智能不断发展的浪潮下，科大讯飞的相关技术也在与时俱进。科大讯飞执行总裁胡郁指出：科大讯飞的人工智能战略是"平台+赛道"。平台是持续构建 AI 开发者闭环迭代的生态体系，以保持行业领导者地位；而选择赛道的逻辑，则是能够解决社会刚需并形成利润根据地的领域，如教育、公检法、医疗、智慧城市、智能汽车、客服和消费者产品等。

（5）企业文化

科大讯飞有今天的发展，得益于其良好的企业文化，这也是其能够广纳贤才并长期留住人才的关键所在。讯飞的使命是让机器能听会说，能理解，会思考，用人工智能建设美好世界。而讯飞的价值观分为以下几个方面。

第一，成就客户，一切以为客户创造价值为中心。为客户创造价值，赢得客户的认可与尊重是衡量技术、产品和服务等工作的根本标准；客户沟通与服务原则是面对客户的问题，第一时间给予响应并推动问题解决，形成闭环；内部组织价值导向为直接或间接为客户创造价值是任何内部组织和岗位存在的唯一理由。

第二，坚持顶天立地的创新方向和路径。坚持顶天立地的产业发展路径，通过源头创新实现核心技术国际先进和大规模产业化；创新内容，以新思维、新方法实现技术、产品、市场、管理等方面的提升；创新理念，鼓励创新，敢为天下先；宽容失败，不断复盘和成长。

第三，通过高效协同，追求团队进步。团队及部门协作中，主动高效，一切以公司利益为重，只有组织获得成功，才有个人成功；民主讨论，集中决策；决策之前，积极参与讨论，充分发表意见；决策之后，言行上完全支持、坚决执行；个人就是公司形象的代表，从我做起，以公司为荣，积极维护公司形象和利益。

所以在这种良好的企业氛围带动之下，人们会真切地感受到科大讯飞的魅力。

（6）企业当前成果

作为"中文语音产业国家队"，科大讯飞主要有讯飞翻译机、讯飞听见、叮咚音箱、阿尔法大蛋等产品。其中，讯飞翻译机基于科大讯飞最新的中英口语翻译技术，能够快速、准确地实现口语间的即时互译，目前已实现中英、中日、中韩、中法、中西等语种之间的互译，而讯飞听见智能会议系统，是全球首款中文语音实时转写和多语种实时翻译系统。

2020年，科大讯飞年报显示，全年营业收入为130.25亿元，同比增长29.23%，净利润2.96亿元，同比增长60.79%。其中，科大讯飞在教育领域营收41.87亿元，占比32.14%。2021年上半年，科大讯飞营收继续保持双增，在总营收达到63.19亿元，同比增长45.28%之外，净利润也达到4.19亿元，同比增长62.12%，其中，教育板块半年实现营业收入17.31亿元，占比为27%。

从财报角度来说，科大讯飞具有世界级的技术，而且相应的市场份额也值得大家肯定，因此，有理由相信这样一家企业能够在未来给世界带来不一样的惊喜。

4.4.3 小鹏汽车——创业必须持之以恒

小鹏汽车成立于2014年，是广州橙行智动汽车科技有限公司旗下的互联网电动汽车品牌。公司研发总部位于广州，并在北京、上海、广州、硅谷、圣地亚哥、广东肇庆和河南郑州建立了设计、研发、生产制造与营销机构，通过全球化布局组建了一支规模化、多元化、重自研的跨界团队。截至2020年6月30日，公司员工共3676人，研发相关人员占比43%。小鹏汽车的核心团队来自奔驰、广汽、阿里巴巴、腾讯、摩根大通、华为、小米等不同行业的标杆企业。小鹏汽车认为，新能源汽车不等于下一个汽车时代。智能汽车（AI+互联网+汽车）才是下一个汽车时代的全新赛道。数字化+电动化组成的"双擎"驱动的互联网基因智能电动车是小鹏汽车产品最大的差异化特色。

与国内外著名的品牌相比，小鹏汽车具有显著优势。小鹏汽车的纯电驱动系统以电机、电池、电控为核心。其中电机控制器、DCDC、充电机等被安置在前舱内，电池系统则布置在乘员舱地板下方。小鹏汽车的初版电机功率密度达到 10kW/L，目标达到 14.5kW/L，超过国内平均水平 1 倍以上。电池方面，小鹏汽车的电池包经过 4 次迭代开发，能量密度接近 150Wh/kg，不同于国内电动车电池包大多采用自然冷却或者风冷，小鹏汽车设计了液冷电池包，可以在曝晒试验后，输出功率 200kW 以上而温升控制在 10 度以内，有效地解决了电池温升问题。该套纯电驱动系统已经进行了台架测试、转毂测试和试验场道路测试，累计测试里程超过 5000 公里。

（1）创业伊始

2004 年，何小鹏先后与梁捷、俞永福创办 UC 优视公司。2014 年 6 月，UC 优视以近 40 亿美元，创中国互联网最高并购整合并入阿里巴巴，何小鹏先后担任阿里移动事业群总裁、阿里游戏董事长、土豆总裁。

实现财富自由之后，何小鹏并没有选择"退休"，反而开启了更难的创业生涯，进军智能汽车领域。儿子的降生让刚刚从阿里离职的他有了更深的目标感，让他下定了第二次创业的决心："是不是我应该做一件事情，让我儿子更骄傲、更开心的事情？所以在那一刻，我才想到也许我应该走出原来的舒适区，能够走到一个更大的一个变化的场景去。"

2014 年 6 月，特斯拉对外开放所有专利，鼓励其他企业开发电动汽车。特斯拉的开源让何小鹏看到了进军电动汽车领域的可能性。那时 UC 刚被阿里收购，何小鹏在经验与财富上都获得了丰厚的积累，因此他加入投资人队伍，并积极寻找新的投资方向。

2017 年，他开始由"产品人"向"企业家"转变。他挑起 CEO 的担子，从产品到战略发展再到未来，甚至接受采访都亲自上场。他的一言一行，就如其名字一样，代表着小鹏汽车的动态。

第二次创业时，何小鹏的初衷已经和第一次创业截然不同。第一次创业是为了实现财富自由，"嫉妒"老板月赚 5 万多元，而自己只有几千元。创建小鹏汽车时，他已经获得财富自由，需要继续探寻"自我"。

何小鹏并不懂汽车。作为一个传统的互联网人，何小鹏站在产品的角度看，他认为智能化+PC、智能化+汽车在未来都是一种趋势，更何况在出行方面中国还面临着很大的问题。

何小鹏从4个维度来看跨界创业企业：战略、资本、管理、运营。从企业层面而论，小鹏似乎也在积极地"米化"。比如，制造业+互联网思维、提倡高性价比、在销售模式上采用线上+线下的新零售方式、选择喜欢智能化产品的年轻受众。

何小鹏喜欢总结，寻找存在的问题，正确的逻辑必须要应用到正确的场景下才能起作用，"当我们斤斤计较地、功利地思考对客户的服务时，很可能达不到预期的效果，傻傻地爱，不计算回报地付出，才会让客户感受到发自真心的关怀。"

何小鹏的格局在慢慢变大，思维方式也得到了升华。

"一些创业者是技术或是产品经理出身，只追求用户体验，觉得赚钱是可耻的事情，赚钱可能会伤害到局部的用户体验，但把赚到的钱投到研发、渠道、内容、产品上去，可以更好地提升用户体验。商人思维才能让你的公司越来越大，越来越强，才使你有能力去做更多的事情，改变更多。"

企业如何才能走得更远？何小鹏说，最近他才意识到，发展是站在企业利润的基础上，而不是取决于企业的发展速度。这一点对他的冲击很大，在此之前他更看重企业的发展速度。但反思一下，企业的毛利更大，代表在研发方面的投入能够更多，反观一些发展稳定的国际主流车企，它们基本保持每年10%的研发投入比例，用来支撑技术、创新科技的开发。这也是支撑企业发展的关键。

经过几年的时间，何小鹏获得超过130亿元的融资，在广州天河区的小鹏汽车智能产业园招募了4000多名员工，包括高层次的海归科学家、流水线上工人和具有江湖气息的销售。

这位汽车行业的门外汉，迅猛地冲向最为复杂的汽车制造——脱离代工厂，自主制造汽车，这包括获取生产资质、拿地、建工厂、招募工人等种种环节。何小鹏开始应付不同环节中的人，还要满足客户，而人是世界上最难理解和满足的动物。

他的愿景是彻底改变驾驶方式：有一天，人们不再是手握方向盘，眼看前方开车。要知道那可是一个有着百年历史的驾驶姿势。

（2）创业团队

何小鹏创业十几年最大的感受是：创业团队很重要，很重要，很重要。很多公司失败的原因是，要么一开始团队没有建设好，要么团队自我成长的速度不够迅猛。有很多成功的创业公司，创业者自身的成长和团队的成长都非常迅猛，更重要的是，他们的团队很和谐。

小鹏汽车创立于 2015 年，何小鹏曾是 UC 优视联合创始人及阿里巴巴移动事业群总裁，现担任小鹏汽车联合创始人、董事长兼 CEO；夏珩、何涛两位小鹏汽车联合创始人，毕业于清华大学汽车工程系，两人此前在广汽研究院负责新能源汽车和智能汽车控制系统的开发工作，夏珩现担任小鹏汽车联合创始人、董事、总裁，何涛现担任小鹏汽车联合创始人、董事、高级副总裁；顾宏地博士是前摩根大通亚太区投行主席，于 2018 年 3 月加盟小鹏汽车，担任小鹏汽车副董事长、总裁。来自互联网、汽车制造和战略融资三个富有差异性领域的管理团队塑造了小鹏汽车独特的 DNA。

（3）商业模式

小鹏汽车主要采用新零售＋新运营的商业模式[7]。

新零售："直营＋加盟，线上＋线下，2S+2S"加速"一体化、多触点"服务体验

2019 年 4 月 16 日，小鹏汽车携旗下全新车型——第二代智能汽车、智能电动轿跑 P7 以及高智能纯电 SUV G3 亮相上海车展。在本次发布会上，小鹏汽车还公布了新零售层面的最新计划——通过 2S＋2S、线上线下多渠道布局、直营与加盟结合的创新模式，打通销售与服务数据，为用户提供"一体化、多触点"的服务体验。

2018 年，小鹏汽车已实现新零售布局的第一阶段目标。一方面，将传统 4S 店拆分为两个 2S 店，在核心商圈等用户触达率较高的场景开设聚焦体验和销售的 2S 店即体验中心，而聚焦交付、售后的服务中心根据城市用

户容量及区域做集成分布，有效打破了传统 4S 店重资产经营和负荷的壁垒。另一方面，采用线上电商和线下触点同步构筑全渠道直营模式，成为首个入驻天猫旗舰店的新造车品牌，开通官网、官方 App 购车通道。基于此，小鹏汽车实现了售价统一、销售流程一致、服务标准一致的高质量服务体系，保障用户体验；同时，完成了用户数据打通，在体系搭建、流程梳理、数据流转及人员培养方面积累了经验。

2019 年，小鹏汽车加速新零售第二阶段布局，在"一体化"的高品质服务基础上，搭建了更多用户触点。为此，小鹏汽车启动授权经营与直营结合的模式，在 2019 年内新增 100 家以上线下店面。除体验中心和服务中心外，小鹏汽车还同步开放超级充电站的经营授权，加速充电网络建设，消除用户对驾驶里程的焦虑。

新运营：G3 大规模交付，"鹏友 +"用户服务运营体系加速落地

伴随产品的批量交付，小鹏汽车的"鹏友 +"用户服务运营体系也在体系化建设中。小鹏汽车从用户视角出发，将用户选车、买车、提车、用车、养车的各个场景链接，将用户需求和用户智慧映射和转化到小鹏汽车的产品和服务优化中，提升产品全生命周期的用户体验。

服务方面，小鹏汽车在不断探索用户服务创新触点，譬如透明化交付，用户通过 App 获知车辆的预订车辆排产、整备、交付等状态；自主开发的智能远程诊断系统，提供车辆故障远程后台诊断及持续 OTA 升级，提高服务效率；智能理赔，当用户发生交通事故时，可以通过小鹏汽车 App 上的智能理赔服务功能实现一键报案拍照定损，无须在事故现场等待查勘员查勘，即可到就近的服务中心进行车辆维修；同时，为客户提供限定维修期间的免费代步服务、移动服务及上门服务，还提供无忧救援，保障用户畅行。

里程焦虑一直是电动车用户的拥车核心问题，小鹏汽车正在加快布局超充站建设，提供快捷省心的充电体验——小鹏汽车也是国内唯一发展超级充电站的汽车厂商。2019 年，小鹏汽车位于北京、上海、广州、深圳和武汉五座城市的共计 30 座超充站正式投入运营，未来，小鹏汽车将实现布局 1000 座超充站。小鹏超充系统将提供智能寻桩、专属车位、预约充电、极速 Wi-Fi 等一系列服务。

（4）创新技术

创新已经成为当今时代的主题，是一个企业永葆活力的源泉，它体现着一个企业的文化和生命力，企业想要不被淘汰就需要不断地创新。小鹏汽车的成功还体现在它不满足于现有成绩，不断追求创新，为消费者获得更好的驾驶体验而奋斗。2021 年 1 月 1 日，小鹏汽车宣布与大疆孵化的览沃科技（Livox）达成合作，将在 2021 年推出的全新量产车型上使用其生产的小鹏定制版车规级激光雷达；1 月 7 日，小鹏汽车第三款全新车型剪影亮相，充分展示了小鹏汽车的设计美学和硬核科技，引发了业界的高度关注。

（5）企业文化

公司自成立以来，坚持以人为本、造车育人，保持着"简单、高效、品质、尊重、正直、志同道合、分享成功"的企业文化价值观。

（6）企业当前成果

2019 年 10 月 21 日，胡润研究院发布《2019 胡润全球独角兽榜》，小鹏汽车排名第 57 位。

2019 年 11 月 15 日，胡润研究院发布《世茂海峡·2019 三季度胡润大中华区独角兽指数》，小鹏汽车以 300 亿元人民币估值上榜。

2020 年 1 月 9 日，胡润研究院发布《2019 胡润中国 500 强民营企业》，小鹏汽车科技以市值 280 亿元位列第 263 位。

2020 年 8 月 4 日，《苏州高新区·2020 胡润全球独角兽榜》发布，小鹏汽车排名第 70 位。

2020 年 8 月 4 日，小鹏汽车名列 2020 中国新型创新企业 50 强第 23 位。

2020 年 8 月 8 日，小鹏汽车以 62.93 亿元品牌价值名列 2020 中国品牌节年会 500 强榜单第 237 位。

第八届轩辕奖 2021 中国年度汽车：小鹏 P7。

获奖理由：人车合一，颠覆了业界对电动跑车一味求快并不线性的刻板感受，实现了消费者从传统汽车驾乘体验到拥抱电动化的完美过渡。它是 AI 交互时代的里程碑式作品，也是软件定义汽车的成功之作；它在追赶世界先进的同时又努力实现超越，开始树立自信，代表着新一代消费群体的文化认同，代表着中国汽车对未来的一种新的追求和期许。

从小鹏汽车的创业史可以看到，公司的成长不是一朝一夕之事，是持之以恒的奋斗和等待，抓住时机，有了准确的创业身份定位和明确的公司目标，才可以在众多竞争者中脱颖而出。

4.4.4 齐悟——创业必须与时代接轨

深圳市人马互动科技有限公司成立于 2016 年 10 月，公司专注于智能语音交互技术的研发和应用，人工智能品牌为"齐悟"。公司总部位于深圳市南山区深圳湾生态园，在芝加哥、上海、南京、杭州、绍兴等地也建立了分支机构，员工有 102 人，国内核心办公场地 1000 多平方米。公司在一年之内完成 3 轮融资，达 8000 万元。2018 年 7 月 6 日，齐悟品牌进入由创业黑马主办的 2018 中国准独角兽 TOP 50 榜单（夏榜）。同年 7 月 19 日，齐悟大脑上榜 2018 年深圳准独角兽（一亿美元以上企业）。2018 年 8 月，齐悟在第七届全国社会媒体处理大会中文人机对话技术测评中，获得任务二第二名。

与国内外著名的语音交互品牌相比，齐悟具有显著优势。其他品牌目前还局限在语音识别阶段，机械地识别字词的字面含义，处理单一的、简单的信息。而齐悟则可以识别语义，理解上下文内在联系，像人脑一样具有记忆、理解和推理功能，可以处理多意图的复杂信息。

一切需要语音对话的业务领域都可以应用齐悟大脑语音交互系统。而各行各业的产品交互几乎都离不开语音对话，齐悟的市场是无比广阔的！公司在半年之内就与 100 多家知名公司签订了合同，完成正式订单 2000 多万元和意向订单 3000 多万元。公司已经广泛进入并巩固了各个业务市场，建立了品牌知名度和美誉度。

（1）创业伊始

近年来，人机对话技术受到了学术界和产业界的广泛关注，商业整体规模也在不断扩大。早在学生时代，王一便敏锐地察觉到其中的商业契机。2014年，在美求学的王一决定实现自己改变世界的梦想。他不远千里地数次驱车往返美国东西部，找到几名志同道合的创业伙伴，组建起了一支留学生创业队伍。2014年12月，Centaues工作室成立。同许多团队一样，他们饱尝了创业的艰辛，几个伙伴吃、住并工作在狭小的出租屋内，但凭着顽强的毅力和执着的理念，他们在艰苦的环境下开发了《声动战士》声控手游，为齐悟的发展奠定了坚实的团队基础与精神基础。2015年5月，公司Centaurs Tech注册成立，随后完成种子轮融资。在大家的不懈努力下，《声动战士》于2016年6月在Kickstarter成功众筹，成为最受欢迎手游。

"雄关漫道真如铁，而今迈步从头越。"2016年，王一回国投入轰轰烈烈的复兴中国梦的伟大建设中。同年10月，深圳市人马互动科技有限公司注册成立，开启了齐悟迈向新征程至关重要的一步。2017年与2018年是齐悟飞速发展的两年，胡上峰博士回国担任公司CTO，其分公司——绍兴市齐悟网络科技有限公司注册成立，完成A轮5000万元的融资，为公司积累了强大的发展资本，也注入了许多优秀的新鲜血液。王一也迎来了逐梦路上的首批荣誉，他被评选为2018全美华裔30岁以下优秀创业者，同时也荣登福布斯、胡润2018年度精英榜单。

（2）创业团队

齐悟需要的是做人靠谱、做事靠谱的志同道合的伙伴，大家一起做有趣的事，从而改变世界。在王一的带领下，形成了以王曦、龙方舟、鲁哲宇、顾蓝迪为核心成员的初始创业团队。他们在美国留学期间便开始为齐悟的诞生而奋斗，他们以工作室为家，以创造具有类人思维的超级人工智能为理想，在工作中勤勤恳恳、任劳任怨。

2017年1月，公司与胡上峰博士建立合作关系，引入并确立以聊天机器人相关产品为公司的主要业务方向是奠基公司业务发展的重要一步。同年 7 月，胡上峰博士回国担任公司 CTO 是公司技术力量成长的一大飞跃。胡上峰是北京大学计算机系学士，澳大利亚斯文本科技大学博士（自然语言处理专业）。互联网时代，他曾在中关村创业 7 年，主持、开发、运营大型网络服务软件系统。10 年前，胡博士开始转向自然语言处理领域，研发智能聊天机器人系统，并赴澳大利亚斯文本科技大学深造，并取得博士学位。在自然语言处理方向，胡博士发表过多篇论文并获得美国专利授权。加入公司前，胡博士在新加坡科技研究局资讯通信研究院任职科学家，研究无监督自然语言语义归纳、推理等前沿课题。2018 年 8 月，胡博士带领研发团队参与第七届全国社会媒体处理大会中文人机对话技术测评，获得任务二第二名。

（3）商业模式

齐悟的商业模式有一次性收费、利润分成和服务器调用次数收费三种。其整体思路是通过技术专利授权，前期免费或收取小额费用给企业提供低廉的试错成本，后期根据产品利润分成、技术维护升级等形式获利共赢。

公司以泛娱乐领域为切入点，在游戏产业上，公司免费提供技术解决方案，根据接入产品的利润按照一定比例进行分成。在动漫产业上，每个动漫 IP 持有者可免费接入娱乐人工智能系统，根据产品在新的推广渠道产生的利润分成，如果是智能玩具等硬件则根据嵌入式模组按件收费，目前每个模组的收费标准为人民币 50～100 元，厂商订单一般在 10 000～100 000 件左右。

公司营销推广计划一是与游戏公司或游戏发行商合作，研发出更多炫酷的语音类游戏，采用免费提供技术解决方案的形式鼓励更多的游戏开发商与公司开展合作，从而获得海量的玩家数据。二是与国内外的 IP 持有者、动漫公司合作，创造出许多生动、可爱的卡通虚拟玩伴，每个卡通形象本身都拥有海量的粉丝，未来可以打造出动漫主播直播平台；也可以与玩具经销商合作，生产具有良好交互性、教育性的智能卡通玩具，实现快速变现。

(4) 创新技术

齐悟大脑的语义识别技术解决方案具有全球领先的革命性突破地位，在中国、美国拥有多项发明专利和实用新型专利。它涵盖语音识别、语义理解、思维推理和语音合成等一整套语音交互技术，形成了强大的技术壁垒。其技术核心是颠覆NLP（自然语言处理）核心算法，独特的偏重实例层的多层语义知识网络，基于图版映射的规则归纳和知识推理，通过机器学习、深度学习、神经网络学习等前沿技术创造出全新的知识表达模型，使其更加趋近于人脑的功能。

目前，其他人工智能品牌还局限于语音识别阶段，只能机械地识别字词的字面含义，处理单一的、简单的对话，而齐悟则可以识别语义，理解上下文内在联系，像人脑一样具有记忆、理和推理功能，可以处理多意图的复杂信息。一切需要语音对话的业务领域都可以应用齐悟大脑语音交互系统。

(5) 企业文化

在公司成立初期，创业团队就形成了吃苦耐劳、团结协作的团队精神，凭着这些优秀的精神理念与坚实的技术基础，齐悟才有了辉煌的今天。齐悟在不断发展中，又形成了"做人靠谱、做事靠谱"的企业核心价值观。何为靠谱？王一表示："靠谱就是凡事有交代，件件有着落，事事有回音。"在浓厚的企业文化氛围下，齐悟的每一名成员都在为"创造具有类人思维超级人工智能"的企业愿景而奋斗，在做有趣事情的同时，改变世界也不是那么遥远。

(6) 企业当前成果

2016年11月，齐悟荣获北大科技园主办的全球科技创业总决赛季军。

2017年3月，齐悟荣获深圳市创新创业大赛总决赛二等奖。同年10月，荣获2017年国际青年科技创业大赛总决赛二等奖。同年12月，荣获"创响中国"安徽省创新创业大赛总决赛冠军与"深创杯"全国大学生创新创业大赛总决赛冠军。

2018年是齐悟锋芒初露之年，经过一年的厉兵秣马、拼搏鏖战，百余名齐悟人在创始人王一先生和CTO胡上峰博士的带领下，在各大活动和比赛中屡获殊荣。齐悟如一骑俊逸的黑马，在业内迅速突起，成为耀眼的AI新星。

2018年4月，齐悟荣获ChinaBang Awards的2018年度新锐创业公司称号，在第六届中国（上海）国际技术进出口交易会中成为最受媒体关注的人工智能项目，并荣获第四届寻找中国好项目大赛亚军。

5月，"齐悟大脑"项目荣获中国（杭州）海外人才创新创业项目大赛亚军。

6月，齐悟完成A轮融资5000万元。

7月，齐悟荣登2018年中国准独角兽TOP 50榜单（夏榜），成为2018寻找独角兽系列"未来之星"，荣获2018"创客中国"智慧工厂创新创业大赛AIoT专题赛亚军与"创客广东"新一代信息技术创新创业大赛创业组冠军。

8月，齐悟荣获全球顶级AI比赛亚军，王一先生荣登福布斯2018年中国"30位30岁以下精英"榜单，"齐悟大脑"项目获得第四届（本届）中国"互联网+"大学生创新创业大赛广东省总决赛冠军。

9月，齐悟全球总部揭牌，办公面积超过2000平方米，入选2018中国留学人员创业园最具成长性创业企业，荣获第四届"i创杯"互联网创新创业大赛亚军，齐悟作为新一代人工智能的代表技术被编入广东省中学生教材。

10月，齐悟获批国家高新技术企业，荣获第四届中国"互联网+"大学生创新创业大赛全国总决赛金奖、"人工智能信息科技·逐鹿钱塘"钱塘之星·2018第三届创业创新大赛总决赛亚军与2018年中国河源国际手机创新创业大赛亚军。同时创始人王一先生入选胡润2018年度十大行业代表。

11月，齐悟荣登2018创业黑马前100名。

12月，齐悟入选2018粤港澳大湾区人工智能百强企业与正和岛独角兽部落首批企业。

展望未来，公司计划在培养用户习惯的基础上，逐步取代现有的各类搜索引擎，成用户广泛使用的信息搜索工具，成为下一个互联网入口，争做行业巨无霸。

从齐悟的创业史可以看到，公司的成长不是一朝一夕之事，是许多有共同梦想的人一起努力的结果，需要众多各具特色的人为一个目标而努力。美味的成功果实，唯有辛勤耕耘，不惧烈日与风霜，才能收获和享有。

4.4.5　拼多多——创业必须抓住大众需求

随着网络技术的发展，现阶段的电商发展也显现出三足鼎立的态势，以往的电商都是淘宝和京东的天下，现如今又有一家公司以强势的角色属性进入大家的视野，它就是拼多多。

作为一家成立于2015年的电商，到2018年，拼多多仅仅用了三年多的时间便到达了其他竞争对手都不曾到达的高度实现了上市。究其原因，除了巧妙借助微信的巨大流量与社交红利，以及主打"团购+低价"的竞争策略之外，还有更深层的社会现实原因，这需要从当前如火如荼的消费升级说起。

据统计，我国收入水平最高的前20%数量的居民，2019年的人均可支配收入为76 400.7元，遥遥领先其他80%的人群；即便是位于第二梯队的中等偏上收入群体，2019年的人均可支配收入也只有39 230.5元，刚刚超过高收入群体的一半；而收入最低的20%人群，2019年人均可支配收入仅仅为7380.4元，不到高收入人群的1/10。

收入差距的日渐悬殊造就了人们截然不同的购买力水平与消费意愿。真正意义上的消费升级只发生在收入水平最高的前20%人群身上，全国总人口的20%意味着这一群体的人口规模与美国总人口量级相当，从这个角度看，当我国拥有一个人口数量堪比美国总人口数的强购买力群体时，各种消费升级剧情的上演也就不足为奇了。

80%的人群，在中国意味着约11亿人口，根据长尾理论，对于商家来说，最赚钱的并不是服务那些身处头部地位的高净值消费者，而是那些占人口总规模比例极大和收入水平相对一般却能够带来巨大流量的人群[8]。因此，与其说是时代造就了拼多多，倒不如说是拼多多抓住了现代人多价值观这一特点，下面将为大家具体解读拼多多是如何一步一个脚印地达到今天这个高度的。

（1）创业伊始

拼多多成立于2015年9月，是一家专注于C2B拼团的第三方社交电商平台。用户通过发起和朋友、家人、邻居等的拼团，可以以更低的价格拼团购买优质商品。其中，通过沟通分享形成的社交理念，形成了拼多多独特的新社交电商思维。

拼多多将自己定位成"社交电商领导者"。顾名思义，社交电商即"社交+电商"，两者结合的发展空间巨大，曾让整个行业都为之痴迷。然而，当京东牵手腾讯却两年都没有擦出火花，当阿里从"来往"到"圈子"处处碰壁的时候，人们开始逐渐认为社交和电商这对组合是"水火不容"的。

其实，刚开始发展的拼多多还背负了许多负面属性，在2015年10月至2016年12月的这段时间内，拼多多处于迷茫的探索状态，也吃了很多亏，在此阶段，拼多多团队重点在打磨产品，快速验证商业模式。在创立之初，其凭借"社交+电商"的定位，借助微信的8亿活跃用户，快速笼络大批电商长尾用户。整个阶段最大的矛盾点在线下供应链管控及商家监管上，收到的负面评论主要是货品收不到、质量差、假货等。

作为首席执行官的黄峥为了拓展自己的领域，曾在2015年3月创办拼好货生鲜电商平台。然而，当时让黄峥感到惊讶的是，社交电商的爆发力很强。刚进入生鲜电商时，一款荔枝单品出货能力只有5万单，但商品上架仅三天订单量就达到20万单，黄峥马上撤下了商品链接。即便如此，20万单的出货量也够他们受的。由于订单量巨大，供应、物流等体系又跟不上，接踵而来的是用户不断催单、退货、投诉，很多用户收到的商品甚至腐烂变质。

也正是这一连串问题的指引之下，黄峥很快便意识到生鲜商品走爆款模式行不通。自营库存压力极大，如果发货量大，库存、物流、品质都是问题。但黄峥看到了另一个机会，那就是服装和日用百货市场。于是，黄峥在创立拼好货6个月之后，成立了拼多多，并将两家公司合二为一，这样一来就可以解决很多内部存在的供给与需求之间的问题。

当年，同期做社交电商的企业并不止拼多多一家，大家所熟知的云集、有赞、小黑裙等，都是社交电商模式。这些品牌仍停留在淘宝电商思维模式下。他们把节省下来的刷单费、推广费、淘宝客及平台费用分给层层代理商，中间渠道成本不仅没下降，反而因为分销代理层级过多，导致终端用户并没有享受到真正的实惠。拼多多要做的是直接让利给购物者。通过拼团的形式，把用户变成裂变会员，使用户可以得到更低价的商品。为了让用户能够低价购买商品，在产品推广策略上，拼多多重点扶持有实力的商家，独家供货爆款走量。但熟人社交电商的威力与用户池实在过于强大，即便在很多商家备货充足的情况下，爆单现象仍然时有发生。

所以说，也正是在这种机遇与努力之下，黄峥开始摆脱刚开始的泥沼，逐渐找到正确的方向。

（2）创业团队

一支优秀的创业团队永远是企业取得成功的第一要素，拼多多的崛起再次证明了这一永恒的商业规律。拼多多创始人黄峥拥有深厚的技术背景，其2002年本科毕业于浙江大学竺可桢学院，2004年获得美国威斯康星大学计算机硕士学位，之后加入谷歌总部，任软件工程师和项目经理，后来，被谷歌派往中国参与建立谷歌中国办公室。

2007年，黄峥从谷歌离职并开始创业，他先是创建了一家在线消费电子和家用电器领域的B2C电商公司——Ouku.com，经过三年的发展，Ouku.com年营业额达到数亿元人民币，但黄峥预见到这种传统电商模式很容易陷入和京东无意义的消耗战里，于是他2010年将这家公司出售，只保留了技术团队。之后，黄峥带领这支技术团队又创建了新的电商代运营公司——乐其，乐其很快便实现了盈利。2013年，黄峥又带领乐其的部分核心员工成立上海寻梦信息技术有限公司，开始游戏运营业务。所以说，在创建拼多多之前，黄峥就已经是一位成功的连续创业者，其在创业过程中也沉淀了一支与其共事逾10年、拥有丰富电商和社交网络行业经验的高管团队。这支经验丰富、技术实力雄厚的核心团队成为支撑拼多多实现爆发式增长的基础。

不仅仅是核心技术人员，其实在他的创业团队中，很多人也以隐形的伙伴形式给了他许多帮助，其中，丁磊、段永平、孙彤宇、王卫以及马化腾等在很多方面都给予了他莫大的支持，这也是拼多多能将自己的团队不断提升的原因所在。

（3）商业模式

拼多多的商业模式很简单：电商拼团、砍价。当你在淘宝上买东西时，是不是商品有满减优惠而自己却达不到标准，只能一个人默默买下？但拼多多不一样，拼团能够获得更优惠的价格，所以没有人会选择单独购买。本来就比市面普通价格便宜的大蒜，在拼团后又便宜了1元，这时还有什么好犹豫的？当然是加入拼团了！付款后可以将购买信息一键分享到微信等社交平台，从下单到支付，再到离开拼单页面，每一个关卡都在暗示、引导买家进行分享。在完成拼团之后，拼主还有机会获得拼主免单券，这也是一种变相的分享鼓励。而这个看似简单的分享、拼团砍价模式，恰恰就是拼多多崛起的关键！

通过降价这种最直接的方式，鼓励买家将App推广给更多人，买家省下来的钱是实实在在的，拼多多获得的新用户也是实实在在的。这种拼团砍价其实就是批发和微分销的概念，再借助QQ和微信的流量——分享的平台有了（社交圈传播），还都是朋友、亲戚之间的分享——信用背书也有了（诱导用户产生裂变效应消费），生活状态相似，你要用纸我也要用，还这么便宜，拼团的需求是一样的，拼团的成功率也大大提高（进一步扩大影响）。在商业模式发展初期，几乎不用打广告就可以吸引大量用户！

为了吸引商家入驻，拼多多同样用了很多办法。免佣金、免费上首页，这些都是淘宝、京东没有的优惠，大量的商家开始涌入拼多多平台。

抛开商品、监管不谈，单从运营的角度来评价，拼多多是成功的，它很明显走的是"先发展，再整治"的道路。所以，只要找到方法，成功自然水到渠成。

(4) 创新技术

对公司创新的期待是很多人的心声。但是多数人仍分不清创新、创造和山寨的区别。尤其是商业上的创新,非专业人士更是难以发现。而拼多多的创新,简而言之就是在互联网新渠道出现后,重新连接了买家和卖家。

2017 年被称为人工智能应用元年,在这一年里,人工智能成为年度热门词汇,以各种姿态渗入人们的生活场景中,互联网技术、人工智能技术与传统产业的深度结合,以科技力量为产业升级带来无限畅想和可能性。

在人工智能勃兴的几年里,拼多多首创了"社交电商"这一新型电商模式,将人工智能技术与人的情感融合,与生活、生产相融合,以技术力量让人变得更快乐。黄峥在世界互联网大会论坛上曾表示,拼多多正在为成为国际化公司而努力,争取成为一个中国模式输出的典范。

在 2017 年 12 月中旬举办的钛媒体年度创新评选颁奖典礼上,拼多多获得了"年度最具潜在投资价值企业"奖,这个奖项用以表彰那些具有良好成长性的企业,它们颠覆旧有商业模式,拥有创新核心竞争力,弥补了市场和技术的空白。钛媒体评选委员会为拼多多颁发这一奖项是对拼多多创新模式的肯定,他们认为,拼多多"激活了远未释放的社交电商市场"。

除了创造性地将"社交"和"电商"连接起来,突破传统电商的模式和客群局限之外,拼多多还具备其他独到之处,这些创新点让拼多多在两年间迅速成长为全品类、全人群的新型电商代表,实现了社交信息链向社交消费链的转化[9]。

首先,以"人以群分"替代传统电商的"物以类聚",让大量工厂和中小企业更精准地对接目标客群,减少对单一销售渠道的依赖。其次,开创"计划性消费"模式,以消费的计划性换取生产的市场性,将前端消费需求高效聚集,指导产业链条合理配置资源,实现规模化、灵活化地定制生产,满足用户消费升级需求,提高商品性价比。

科技创新助力产业升级,模式创新丰富用户生活,以拼多多为代表的新型企业将在促进大众创业、万众创新方面发挥作用,助力创新型国家建设。

(5) 企业文化

企业文化代表一个团队所处的环境，黄峥背后的男人——段永平就是一个看重企业文化的人，他去做投资以后表示，企业文化就是企业的重要"护城河"。他曾说："一个没有好的企业文化的公司，我是不会投资的！"而企业文化最终的战斗力体现在面临选择的时候。在考虑"这件事该不该做""先做还是后做""如何做"的时候，企业文化就会产生一种自发的力量，来促使员工做出能够让企业向前发展的选择，而这种力量就构成了企业的核心竞争力之一。

企业生产的产品容易被复制，而刻到骨子里的企业文化是无法被复制的，而这就是段永平所讲的企业文化是重要"护城河"的原因。

企业中的每一位员工构建和展现了企业特有的文化。大家的行事方式、思维方式，更重要的是面临选择（特别是需要做某件事情，但开始会让自己感到有些郁闷）的时候，用理性去判断是否合乎企业价值观，就是对核心文化的坚守和捍卫。这些行事方式、思维方式和选择的逐步完善诠释着企业文化，如果个体的行动力和企业标榜的文化相悖，那么文化就会变成没有生命力的空口号，也会让企业蜕变成一个没有灵魂的"肉身"！

每个人在企业中都有自己的岗位职责，当一些临时"加载"的事情突然出现，特别是在自己本来就很忙碌的时候，可能会感觉很焦虑。这时候人们就会想：我的本职工作是什么？先做本职工作再做其他工作看起来没有问题。但是，先做本职工作是否践行了企业的核心价值观呢？

随着拼多多内部各种新功能的不断启用，每位员工所遇到的不同问题浮出水面。有时候，一件急事的来临的确会降低个体的效率，影响个体的计划。而这时候要做的是问问自己，做这件事情是否确实能提高客户满意度，是否确实会加速结果的产生。当这两个问题有了答案后，行动就自然有了力量！而麻烦、效率、计划被打乱……这些负面情绪本身也会被捍卫企业文化的正面力量所淡化。

所以说，拼多多的成功缘于其成功的企业文化伴随左右，只有这样的企业文化所催生的使命和任务才能以最好的效率来完成。

（6）企业当前成果

谈到拼多多目前所取得的成就，其中不得不提的就是拼多多正式在纽交所挂牌上市这件事，其股票代码为PDD，最终发行价定为19美元，位于16美元/ADS～19美元/ADS发行区间上限。按此定价，如果算上拼多多授予和发行在外的股票期权（接近5.82亿股）且期权完全行使，拼多多发行总股份将增至50.1亿股，估值约240亿美元（当时约合1624亿元人民币）。

2021年3月17日，拼多多发布2020年第四季度及全年财报。财报显示，截至2020年年底，拼多多年活跃买家数达7.884亿。当年四季度，拼多多App平均月活跃用户数达7.199亿，单季新增7650万。

截至2020年年底，拼多多年成交额（GMV）为16 676亿元，同比增长66%。同年四季度，拼多多营收增长146%至265.477亿元，2020年全年营收增长97%至594.919亿元。

从这些数据可以看出，拼多多将成为中国第三大电商平台。长久以来，中国的电商格局可以说是双雄并峙，一个是阿里巴巴，一个是京东商城，在它们的夹缝里，还有唯品会、蘑菇街这样的企业勉强支撑。然而，出乎人们意料的是，仅用了短短三年的时间，拼多多就异军突起，不仅远超唯品会、蘑菇街等前辈企业，甚至成为能与阿里巴巴和京东两大电商巨头抗衡的第三大电商平台，三足鼎立的电商格局若隐若现。

拼多多的用户群体集中在三四线城市及农村。这些消费者的收入水平低于大城市，但是他们同样迫切需要通过全自动洗衣机、空调、液晶电视提升自己的生活品质。如何让他们能够买到低价又质量可靠的商品呢？拼多多想到了利用社交拼单模式，直接连接"人"和"货"，去掉中间的广告宣发和渠道成本，从而大大节约流量购买成本，"精选＋低价"成为拼多多的制胜法宝。

总的来看，拼多多作为后发企业，在实力、经验、口碑等方面相对于头部企业都处于下风，但是它把握住了市场脉搏，找准了商业模式，所以有理由相信今后它能给人们带来更多的惊喜。

4.4.6 快手——创业需要把握人群

快手是北京快手科技有限公司旗下的产品。快手的前身叫"GIF 快手",它诞生于 2011 年 3 月,最初是一款用来制作、分享 GIF 图片的手机应用。2012 年 11 月,快手从纯粹的工具应用转型为短视频社区,成为用户记录和分享生产、生活的平台。后来随着智能手机的普及和移动流量成本的下降,快手在 2015 年以后迎来市场[10]。

与国内外著名的品牌相比,快手具有明显的针对性人群优势。GIF 快手把带有社交属性的栏目"热门"隐藏得比较深,也显示了团队赋予产品的理念:简单、好用、克制。后来的快手也沿袭了这个理念,虽然拥有 4 亿用户,快手 App 的首页却只有 3 个栏目,即关注、发现、同城,以及用摄影机图标表示的录制功能。克制更体现在他们对内容、用户的运营上。快手的理念是尽量不打扰用户。对用户的观察主要靠旁观他们在快手上的行为,尽管公司也会与部分用户进行访谈,但不允许员工与用户之间有任何私交。"用户不一定能明显感知产品细节背后的想法。他的思考方式很简单,有意思就接着玩,没意思就走了,产品越简单,他越能快速理解、使用。"宿华说。快手不做任何活动来运营用户,也不在网红、明星身上投放更多的资源。快手对自己的定位是普通人用来记录生活的短视频社交应用。宿华相信:高手在民间,明星也不是天生的明星,是长出来的、练出来的。

快手是一个记录与分享的平台,快手 CEO 宿华希望人们能通过快手"读懂中国",让一千多年以后的人也能看到今天的时代影像。宿华曾说,几百年以后,快手会是一个记录博物馆。

（1）创业伊始

快手是宿华的第三次创业。他的职业生涯起点较高,清华博士读了一半就退学去了谷歌。两年后便开始了"各种折腾"。

第一次折腾因"2008 年金融危机、融不到钱"而告终,他在百度蛰伏近两年后又开始第二次创业,产品后来被阿里收购。"

2013 年夏天是他和程一笑相识的时间点。相识那天,两人从晚饭后一直聊到凌晨两点。"朋友介绍的,我们见了一面。很投缘,有种相见恨晚的感觉。"宿华简单的描述之中流露出一种知己相逢的感觉,"我们彼此价值观相似,易于相互理解,技能经历又很不同,亦很互补。"

两人见面后相谈甚欢,决定在一起合作。"我当时有 7 人,一笑他们 4 个人。两个团队合并后都搬到了宇宙中心五道口。"宿华回忆道,"但是公司名字我们沿用了快手,因为我们都觉得,这个东西更好玩儿。"

宿华之前的创业经历和程一笑之前的人人网工作经历都是在社交领域,他们对转型的更多判断根据是:2013 年,Wi-Fi 技术已成熟,智能手机越来越普遍;有声音、富媒体的视频表达是未来;长视频并非人人都能拍,短视频上手快,能做成很好的社交产品。

唯一的遗憾是,市场上并没有成功案例。资料显示,其他短视频社交平台最早也是 2014 年前后上线的。客观来讲,直到今天,短视频社交领域也没有过大爆发,没有上市公司,也没有现象级产品的出现,商业模式都在摸索中。

宿华敏锐地发现,GIF 时代在慢慢消退,对 GIF 的支持只会给服务器带来巨大的压力,因此他隐藏了 GIF 功能,只支持直接上传短视频。用户打开 App 发现产品主要功能换了,旧功能找不到了,因为不适应,用户一下走了 90%。宿华说,转型是快手至今做出的最重大的决定,此后再没有大幅度的改变,这一点和网友的外围观察是吻合的。

快手的产品哲学是:不对用户做任何刻意的事,对产品保持极度克制。

快手找到了 3 亿用户的共通性,实现路径是:不给用户贴标签,不打扰用户,让平台自然生长。"我们的用户群分布情况,跟中国互联网网民的地域分布非常像,百分之十几的用户来自一线城市,百分之八十多的用户来自二三线城市——中国网民地域情况就是这样分布的。"宿华说。这个结果并非巧合,而和初心有关。

在宿华和程一笑决定合伙干的时候,他们就定下了快手的基本原则:给普通人用,没有明星导向,不捧红人,做一只"隐形"的手。"希望用户在意的是快手上的自然产生的内容,而不是我们这个平台去支持什么、推动什么。"

这也是为什么快手上至今没有醒目的标签、大V位置、平台推荐等的原因,就连火热的直播也只是被隐藏在视频流里,快手官方并没有为它单独辟出一条分栏。

宿华多次用"老百姓"一词来形容他们的用户。"我们觉得老百姓挺需要一个展示自己的平台,不管他是在二三线城市还是北上广深,也不仅仅是去某个平台看网红,看明星,而是展示自己。""我和一笑喜欢去默默观测,这个世界到底是怎样运转的,老百姓到底怎样会更开心。""我和一笑就是普通的老百姓。最爱吃的,一直是五道口的一家干了多年的米粉,吃了十多年,现在还是每周都去吃。这样的生活,挺好的。"

而客观事实也正是"老百姓"支撑起了快手上所有的高流量内容:有人在记录自己的跑酷生涯,也有人在表演"乡村非主流"的搞笑短剧;有人在弹各种钢琴曲给粉丝听,也有人讲各种段子;有人晒自己三胞胎的日常生活,也有人给自己过90大寿的奶奶求祝福;有富二代环球旅行时住上万元一晚的奢华酒店,也有驴友只靠一辆自行车全国骑行;有小情侣秀恩爱,也有人失恋求安慰;有女人在晒美貌,也有男人在炫多金。

截至2020年年底,快手应用的平均日活及月活跃用户分别为2.646亿和4.811亿,而依照快手官方"不做刻意的事"的态度,与其说是平台在"推动"这些内容,不如说是快手用户的创造与选择造就了它,而内容反过来又定义了快手。

"以前我们都用相册记录生活,现在有移动互联网,就拍成短视频传到快手,没事的时候翻翻,是生活的记录、记忆的回放。"宿华笑着说。如果他不做快手,在十几年前,很可能会去创建一家相机或者胶卷公司。他在快手上关注了几百个人,"关注的一个中学生,原是个活泼的假小子,几年一晃过去了，现在上了大学，长成大美女，长发飘飘。"

他每晚都会刷刷快手，平均用一两个小时和用户们互动。没人知道他是创始人。

快手的特点也反映了两位创始人的特点：低调，克制。

至今，宿华和一笑从不会主动给亲戚、朋友推荐快手 App，也不会主动告诉亲戚、朋友们，那些被传到微信群、QQ 群里的短视频，就是他们做的快手 App 里的；他们更希望看到，自己的亲朋好友玩快手是因为喜欢，而不是因为认识自己；搬到五道口几年了，公司前台的背景墙至今依然是一片空白，没有任何 logo 标识；宿华和一笑不喜采访和曝光，公司也没有搞宣传的人，曾有媒体在快手火起来后到办公室采访宿华，他知道后轻舒了一口气说道："幸好不在公司，我不怎么会说。"他也很少出去演讲，理由是"外面那些人已经讲得够好了，你把他们讲的东西吸收了就行了，不缺我一个"。唯一一次演讲是博士导师打电话过来，让他回去给学弟学妹们讲讲如何创业。

（2）创业团队

2013 年，受益于 Wi-Fi 的普及和 4G 网络的推广，中国做短视频的创业公司逐渐兴盛起来。快手从工具转到社区，后端压力增大，带宽问题增多。"我发现这些事情是我们搞不定的，希望有人能做这件事。"程一笑说。

同年夏天，在朋友的引荐下，宿华和程一笑见面了，两人都看好视频社交的未来，重要的是，双方价值观相似，都想做普通人的视频社交。这一次见面被他们比作"长征会师"。当时宿华团队有 7 个人，程一笑团队有 4 个人。

公司的四位联合创始人均是 IT 工程师，用杨远熙的话来说，他们"交流都用代码"。尽管如此，宿华和程一笑依旧谨慎地磨合了几个月，到 2013 年年底正式将公司搬到位于北京海淀区五道口的华清嘉园，在一套三室一厅的房子里和其他两家公司共享办公空间，快手自己享有的面积才十几平方米，每个员工大概拥有 1 平方米的空间。但是，杨远熙丝毫不觉得艰苦，一台电脑就能让他们进入"另一个宇宙空间"。

快手联合创始人银鑫曾是程一笑在东北大学的同学，他认为两个团队的合并是因为理念一致："希望技术简单、可依赖。"

宿华有多年搜索和推荐算法的研发经验，在技术上有优势；程一笑对客户端的理解更深一些。两个团队合并后，宿华担任 CEO，负责整个公司的战略、技术以及对外事务。不过，当时宿华还要承担机房的事情，"可以简单理解成网管的事情，他需要在机房配置机器中各种各样的参数。"程一笑说。

这是一个典型的工程师团队，每个联合创始人都是技术出身，几乎人人都是宅男，不善言辞。在北京，快手团队有 200 多人，过半都是工程师。直到 2016 年下半年，快手才开始建立 App 推广部门，由工程师出身的杨远熙负责。

因为气质相近，这些人都是理性的数据派。即使想法不一样，也会直接用数据说话。快手创始人兼 CEO 宿华原来在百度做凤巢系统，凤巢建立了一个评价体系，工程师对凤巢的每次修改最终带来多少收益，一目了然。

（3）商业模式

快手是以"去中心化"进行流量分发，以短视频和直播的形式输出内容，需要用户选择，社交属性强，运营弱，以直播为主要收入方式的偏社交化平台。

1）内容分发与资源配置逻辑：以"去中心化"的流量分发逻辑，基于社交和兴趣分发，内容分发逻辑为：社交＋智能分发（初始为 60%～70% 标签 +30%～40% 关注），因此快手的逻辑是把流量相对平等地分发到用户身上，基于用户偏好和视频的匹配度，将较新的内容推荐给用户。

2）内容调性：基于分发逻辑，短视频内容调性是突出记录生活，调性更草根化。

3）平台属性：突出记录生活的方式，偏社交属性，弱运营。

4）发展路径：弱运营，养社区，养成系模式。

5）平台变现：偏社交属性，收入主要靠直播，60% 的收入来自直播分成,其次是广告收入。

6)用户画像:快手以社交维护,内容质量草根化,70%的用户来自三线以下城市。

(4) 创新技术

视频的兴趣推送要远远难于图文或者文字内容的推送。对于一般的图文或者纯文字内容的推送,可以提前打上标签,甚至可以按分区分类,提前标记好,而对于海量的短视频推送,不仅要从视频中得到关键信息,也要求处理速度跟得上[11]。

快手的第一项技术是视频兴趣度推送,利用视频处理技术得到视频的关键信息,例如,一个用户上传了一段内容是某个游戏的视频,快手会对内容进行识别,如果另一个用户多次看该视频并且点赞,后台就会推送相关游戏的视频给该用户。

另外一项技术是人工智能的匹配。快手理解一个视频的内容之后,就会找到喜欢该视频的用户,而一个刚开始使用快手的用户,其喜好很难判断,所以快手会通过一些非常细微的特征去猜测该用户的喜好,比如手机的类型和位置定位等,给用户以最好的使用体验。

目前,对于影像的人工智能识别还处于初期阶段,未来的人工智能可以识别一对恋人是久别重逢还是即将分别,到了那个时代,所有的应用都会被重写,包括微信。

现在,在快手上能看到中国人每天所生活的样子。截至2020年年底,快手每天有1500万个UGC(用户原创内容)的视频在上传,它提供了一个平台,让更多UGC用户参与进来,生产更多的内容,而这些内容有无限多的使用方式和传播方式。

(5) 企业文化

在企业文化方面,快手的核心理念为"痴迷客户",成事之法为"创新务实、最高标准",相处之道为"担当敢为、坦诚清晰",使命愿景为以"痴迷于为客户创造价值"为使命,最终能够"帮助人们发现所需、发挥所长,持续提升每个人的独特幸福感"。

快手内部信称,"痴迷客户"是快手派的核心,是快手一切工作的根本出发点。对此,快手的解释为,公司业务复杂度变高,从"用户"扩展到"客户",客户包含了生产者和消费者、B端客户和C端用户、外部客户和内部客户。快手需要加强对生产者、B端客户的理解与认知,也需要强调对内部客户的服务意识。

(6)企业当前成果

2019年11月15日,胡润研究院发布《世茂海峡·2019三季度胡润大中华区独角兽指数》,快手以企业估值1200亿元人民币上榜。

2019年12月12日,《汇桔网·2019胡润品牌榜》发布,快手以240亿元品牌价值位列第68名,2019全国影视传媒品牌价值排名第3。

2019年12月15日,快手获2019中国品牌强国盛典十大年度新锐品牌。

2019年12月,快手入选2019中国品牌强国盛典榜样100品牌。

2020年05月12日,人民日报中国品牌发展研究院发布中国品牌发展指数之中国企业社会责任领先指数,快手排名第44位。

2020年8月,在胡润研究院发布的《苏州高新区·2020胡润全球独角兽榜》中以企业价值1950亿元位列第8名。

2020年12月18日,快手荣获2020中国教育资本论坛"最具社会责任奖"。

大学合作

1)快手联合浙江大学进行内容安全探索,2017年11月,快手和浙江大学达成合作研究协议,为移动应用程序快手量身定制全新的"内容管理操作手册",进一步共同完善快手内容管理的伦理规约,帮助内容管理者维护"快手"社区秩序。

2)快手联合清华大学成立未来媒体数据研究院,2018年4月3日,短视频平台快手和清华大学宣布成立未来媒体数据联合研究院,双方将以清华软件学院技术难题攻关为基础,联合新闻与传播学院与社会学系在人文研究领域开展跨界研究。

从快手的创业史可以看到，创业不是一蹴而就的，要及时抓住创业机遇，确定公司的目标受众也尤为重要。

4.4.7　火烈鸟——从校园里"越级打怪"出来的公司

火烈鸟网络（广州）股份有限公司（以下简称火烈鸟网络）成立于2011年12月13日，是一家专注于移动游戏的互联网企业。公司自成立以来，先后获得IDG资本、广发信德等知名机构的投资，累计融资额超1.5亿元人民币，现有员工近500人。

火烈鸟网络以"让快乐更简单"为使命，业务覆盖游戏全产业链，包含游戏平台、游戏发行、游戏研发，并以领先的大数据业务为支撑，构建起移动游戏生态圈。

近年来，火烈鸟网络发展迅猛，年营业额超10亿元人民币。其主营产品果盘游戏平台已覆盖超过30个国家和地区，覆盖用户超1亿人，是国内领先的移动游戏分发渠道。火烈鸟网络通过"精品化内容、精准化分发、精细化运营"，不断夯实游戏生态基础，拓展互动娱乐领域，着力打造新文创综合体。下面将对火烈鸟的创业历程进行详细的介绍，相信读者能博采众长，掌握创业的核心要义。

（1）创业伊始

在火烈鸟网络创始人马朔看来，公司的成立是其个人兴趣与时代机遇共同造就的产物。

随着台式电脑开始走入个人家庭，高中时期，马朔即对计算机编程展现出浓厚的兴趣。2008年，其凭借在计算机方面的特长被保送至中山大学计算机科学与技术专业就读。

2010年，随着iPhone 4在中国的流行，触屏手机让手机市场进入了新的时代。与此同时，移动通信基础设施与网络技术的进步让移动化、信息化、互联化成为时代的主流，越来越多的企业开始从线下走到线上，以充分获取用户、推广产品，打造超级品牌。就在这一年，马朔与几个志同道合的校友一起创立了"马丁网络工作室"，开始承接移动应用外包项目，并逐渐积累了移动应用开发的经验。

经验只能成就一个开发工程师，而一家公司的创立，需要的是先进的管理理念与创新的商业模式。作为中国改革开放的前沿城市，广州有着浓厚的创业创新氛围，是众多年轻人逐梦的首选之城。各大高校都通过开展创业大赛鼓励学生开拓创新，在浓厚的创新创业氛围的影响下，马朔也开始萌生了创立公司的想法。他带领团队在各项大赛中不断优化业务发展模式、完善商业拓展思路、明晰团队的核心竞争力，并凭借出色的研发创新能力，陆续获得了"挑战杯""创青春"等多个国家级、省级创新创业大赛奖项。2011年，马朔作为优秀学生代表，受到苹果公司邀请，赴美参加苹果全球开发者大会，并有幸见到了他的偶像——乔布斯。这一系列的实践经历都为其创立公司打下了坚实的基础，并逐渐坚定了他创业的想法与信心。2011年12月，仍在读大三的马朔获得天使轮投资，创立火烈鸟网络。

（2）创业团队

与很多年轻的创业者一样，火烈鸟网络创立时的核心团队大部分都是马朔的同学和同学介绍的同学。当初在为公司取名时，他们选择"火烈鸟"是因为火烈鸟有两个重要的特性，一是火烈鸟是世界上最大的群居鸟类，他们希望自己的团队能够像火烈鸟一样团结携手；二是火烈鸟与其他鸟类不同，起飞前总是需要长时间的助跑，他们也希望公司像火烈鸟一样经过努力的助跑后能够展翅高飞。

公司成立初期，团队只有十几个人，他们延续着工作室时期的管理方式，蜗居在20平方米的办公场地内，一起加班赶项目、一起叫外卖或下楼买夜宵、一起在休息时间组团打游戏。当时负责技术的徐振涛是马朔的室友，负责财务的张敏是同学介绍的"管理学院学霸"，马朔则更多地负责公司的业务构思及对外工作。

2012年，毕业季来临，公司也面临着从学校到社会的跨越，"工作室"

式的运作方式已不能满足公司持续发展的需要。对于团队来说，缺乏大公司先进的项目管理经验与市场化的运作模式，是当时最为紧迫的问题，而解决这个问题最好的方法，就是深入实践、持续学习。在核心团队中，徐振涛和张敏先后短暂离开了火烈鸟网络，徐振涛进入腾讯成为一名研发工程师，张敏则在攻读完工商管理硕士学位后，进入万科地产工作。

2012年，马朔带领团队与云游控股集团联合研发国内顶级网页游戏——《凡人修真2》的手机版，在这一过程中，他对国内游戏市场的"玩法"也有了更为深入的认识。不久之后，徐振涛与张敏也带着在大型企业积累的项目管理与市场营销经验陆续回到了火烈鸟网络。

从大学城到CBD，从十几人到近五百人，火烈鸟网络始终重视团队的力量。如今，公司管理层不乏从校园时期便参与公司项目工作的校友，校园情怀让这个团队的情感更为深厚。与此同时，更为重要的一点是，他们始终延续着学生时代的理念，坚持打造学习型团队，通过持续不断地学习充实每个个体，再以个体带动公司整体向前。到现在，公司除了各式各样的部门内训、学习交流外，研发骨干们依然会像当年在学校里一样，发表技术论文、申请发明专利。2013年，团队甚至将游戏开发的相关技术进行总结和沉淀，出版了《Cocos2d-x高级开发教程：制作自己的〈捕鱼达人〉》一书，该书成为国内第一本全面深入讲解Cocos2d-x进阶内容的图书。现已先后印刷6次，颇受好评。

（3）商业模式

火烈鸟网络的主营业务是手机游戏平台，自2013年涉足平台业务以来，公司始终以用户为导向，抓住核心目标用户，以优质的产品和服务打造品牌口碑。

手机游戏产业链主要包括以下几个环节：研发商进行游戏开发、发行商组织游戏产品的发行、平台商将游戏分发到玩家手中。火烈鸟网络的主营产品"果盘游戏"即属于游戏平台。作为衔接上下游的重要环节，火烈鸟网络从上游研发商或发行商手中获取优质的游戏产品，将其投放到用户手中，因此，了解用户需求就成了关键。

2013年前后，手机游戏市场方兴未艾，市面上大部分渠道商由于手握大量用户资源，一时风光无限，"渠道为王"成为共识。火烈鸟并没有盲目跟风，直接打造一个手机游戏平台产品，而是沉下心来，先从用户积累与了解用户需求做起，搭建了"果盘一起玩"游戏社区，通过高质量的论坛攻略、优惠的礼包福利等汇聚了一批原始用户，并逐渐发展为中重度手机游戏爱好者的聚集地。到2015年，社区积累了千万级用户资源，商业化拓展顺势而来。

如今的"果盘游戏"，核心目标用户依然是中重度手机游戏玩家，他们黏性强、付费率高。为此，火烈鸟网络从三个方面入手，充分满足用户需求，构建服务体系，实现精细化运营。一方面，火烈鸟网络构建了To C端的"果盘游戏应用商店""果盘一起玩社区""果盘模拟器""果盘H5游戏中心"等丰富的产品品类，涵盖iOS、Android、WAP和PC等多种形态，全面覆盖玩家生活。搭建了To B端的"果盘开放平台""果盘推广平台"等智能化平台，充分提高了产品接入、推广效率，让用户更加便捷和高效地获得更加丰富和优质的内容。另一方面，不同于其他平台"逛超市"一般的消费体验，"果盘游戏平台"更像是"精品店"。火烈鸟网络搭建了一整套分层级、精细化的客户服务体系，现有客服团队有百余人，通过专属VIP客服、超值礼包福利、节假日贴心活动、个性化推荐等，让用户在游戏消费中获得"被尊重、被重视"的满足感。此外，自平台商业化以来，火烈鸟网络便始终重视运用大数据技术，了解用户需求，实现精准分发。公司现有30余人的大数据团队，搭建了一整套多源融合的大数据智能服务应用平台。通过用户数据收集、画像分析，准确定位用户需求，个性化地为其推荐游戏产品，充分提高游戏分发的精准度与有效性，也给用户带来了更好的使用体验。

如今，随着人口红利的逐渐消失，把握存量用户市场，挖掘用户价值成为互联网企业发展的关键，"用户为王"又成了众人呼喊的口号。火烈鸟网络自始至终都以用户为导向，深入了解用户需求，提升用户体验，做真正走进用户心里的口碑产品。

（4）创新技术

技术创新是企业发展的核心动力，火烈鸟网络始终坚持创新驱动发展。一直以来，公司充分利用大数据、人工智能等先进技术，帮助公司业务实现转型升级。火烈鸟网络搭建的大数据智能服务应用平台，将多源业务数据进行收集、融合，实现对平台、发行、自研游戏等全业务数据的分析。通过对业务数据的收集、分析，帮助运营人员实时掌握产品情况、了解用户需求，从而调整营销策略、优化功能服务，以大数据为导向，协调产业链上下游的供需关系。

例如，火烈鸟网络研发的用户生命周期价值LTV预测系统，可通过用户前15天、30天的消费情况，预测其60天、90天乃至更久的消费行为，误差率不超过3%。又如，火烈鸟网络开发的精准运营平台，通过大量的用户行为数据分析，可以自动为用户打上"路人粉""消费能力弱""活跃度低"等重要标签，并对"消费次数""消费金额""游戏登录天数"等消费和游戏行为的核心数据进行分析，有效帮助运营人员获取目标用户，合理开展运营活动。

2016年，火烈鸟网络的大数据团队已能够满足公司业务需求，公司亦开始思考，如何让数据团队发挥更高的价值，将在火烈鸟成功实践的各项成果为更多企业服务。2016年年底，公司创新性地通过内部创业的方式将数据业务独立，成立赫炎大数据品牌，以"让数据更简单"为使命，为广大中小企业带来专业的定制化大数据服务。

独立后的赫炎大数据，在数据的可视化、便捷化，以及行业应用拓展等方面进行了有益的探索。通过人脸识别登录的小程序系统，快捷又安全，移动化的业务数据管理更加适应业务需要，充分提升了业务效率；大数据云图、智能画板等系统将核心业务数据进行可视化呈现，让大数据分析更为直观、清晰，充分满足业务需要。此外，公司亦在智能健康、大数据金融等方面开展了诸多探索，2019公司进入中国创新型企业100强。

  2020年，火烈鸟网络研发人员占比超60%，每年投入千万元级的研发经费，技术成果层出不穷。目前公司已经成为广州著名的独角兽企业，作为一家从校园里走出来的创业公司，火烈鸟网络亦始终重视与高校之间的产学研合作，与中山大学、广东工业大学、华南理工大学等知名高校长期保持良好的校企合作关系。与它们共建大数据实验室、共同开展科技攻关项目，开设实习实训课程，搭建高校教学云平台，输出了卓越的科技研发成果，也为社会输送了众多高素质的科技研发人才。

  （5）企业文化

  火烈鸟网络始终以"让快乐更简单"为使命，希望通过全方位的产品业务体系，为用户带来丰富的文化娱乐体验，向社会输送更多优质的文化娱乐内容，以期成为全球最大的移动玩家聚集地。火烈鸟网络一直秉承着团队合作、厚积薄发、越级打怪、直言不讳的理念。

  正如前文所述，火烈鸟是一种群居的鸟类，如今的火烈鸟网络便是如此，团结一致地向着同一目标进发。通过行之有效的激励制度、丰富多彩的员工活动等，充分调动个人的工作积极性与团队活力，实现团队产能的最大化，并逐渐构筑起共同的价值观。

  火烈鸟需要一段时间的助跑才能起飞，对于火烈鸟网络来说，这意味着公司在仰望星空的同时，亦能脚踏实地，厚积而薄发。2018年，对于游戏行业来说是不寻常的一年，市场经济环境整体相对低迷，游戏行业政策缩紧，一些公司被市场所淘汰。火烈鸟网络却不被环境所扰，保持一颗初心，继续夯实核心业务，依然实现了业务的增长，在游戏市场赢得了一席之地。

  此外，火烈鸟网络的企业文化同样重视员工的自我发展，鼓励员工"自我驱动"甚至"越级打怪"。在其他公司讲求员工"各尽其职"的现在，火烈鸟网络给予员工自由的工作环境，鼓励员工追求跨越式发展，并通过培训体系、带教机制等，帮助员工充分获得能力的提升，亦为公司发展带来了持续动力。

与此同时，作为一家发源于校园的企业，火烈鸟网络始终鼓励员工直言不讳，倡导和谐、平等的员工关系，打造轻松、自由的工作氛围。

（6）企业当前成果

如今，火烈鸟网络已形成集团化经营格局，业务拓展至游戏全产业链。

公司主营产品"果盘游戏平台"是国内领先的移动游戏分发渠道，累计覆盖用户超1亿人，服务于腾讯游戏、网易游戏、三七互娱和完美世界等众多知名游戏研发商和发行商。目前，应用宝、"硬核联盟"等占据了移动游戏分发渠道的大部分市场，果盘游戏平台市场份额位居全国市场前列。

依附于丰富的游戏渠道分发网络资源，火烈鸟网络启动代理发行业务，现已与阿里游戏、游族网络、莉莉丝等知名游戏研发商建立深度战略合作关系，已成为首屈一指的移动游戏联合发行商。

此外，公司在移动游戏的研发和大数据业务上亦有所突破。近年来研发的多款手机游戏产品，在港、澳、台等地区成绩不俗，目前亦有多款产品蓄势待发。赫炎大数据品牌已为众多企业提供优质的大数据增值服务，并在2017年获得由游戏工委颁发的"中国十大游戏服务商"，国内最大的云服务商阿里云亦位列其中。

火烈鸟网络的发展成果也获得了各级政府部门的认可，截至2020年，公司已获得国家级高新技术企业、广东省工程技术研究中心、广东省创新型企业、广州市"未来独角兽"创新企业等称号。

未来，火烈鸟网络将立足于现有游戏业务，在构建长尾游戏生态圈的基础上，结合公司在大数据、人工智能等战略性新兴产业方面的探索与布局，逐步夯实集团化业务新格局。一方面，不断向上下游领域拓展、向文化创意全领域探索，逐步构建新文化创意生态圈，以大数据等技术手段，借助海外平台产品，为产业发展赋能，为中国游戏产品出海助力。另一方面，加强平台对接入产品的质量把控，扶持优秀的原创团队，始终坚持为社会输送优质的文化娱乐产品，满足人民更高层次、更高水平的精神文化需求。如今的火烈鸟网络前景可待，未来可期！

从以上内容可以看到，作为一个创业公司，尤其是学生创业公司，需要有具备共同奋斗目标的团队，需要持续不断地积累，需要强烈的自我驱动力，更需要时刻保持对市场的敏锐，坚定不移地把握目标用户需求，用创新的技术不断驱动业务发展升级。在创业的梦想面前，希望每个读者都可以保持初心，勇敢前行。

4.4.8 独角兽企业概述

"独角兽"概念由基金投资公司创始人 Aileen Lee 于 2013 年提出，指的是成立时间较短、成长速度快、估值超过 10 亿美元的创业型非上市企业。而准独角兽企业是指成立不超过 5 年，B 轮融资或 B 轮融资前估值 10 亿元人民币以上，近 3 年营收复合增长率超过 40%；或者成立不超过 7 年，C 轮融资或 C 轮融资前估值 30 亿元人民币以上，近 3 年营收复合增长率超过 2 位数；或者成立不超过 10 年，估值在 50 亿元人民币以上的企业。独角兽企业是区域经济发展的晴雨表，是区域未来竞争力的核心，将成为区域经济转型与增长的强劲动力[12]。

从全球范围来看，大数据、人工智能是当前全球创新驱动的关注焦点和资本热点，目前国内准独角兽企业一半都集中在科学研究和技术服务领域，大数据和人工智能技术促进了工业机器人、人工智能先进制造业、环保新能源新材料、智能物流行业、智慧物联网、大数据、生物医药大健康七大行业的发展，是推动中国准独角兽企业发展的重要驱动力。

从全球独角兽行业分布来看（见图 4-2），当前排名前三的行业为企业服务、电子商务、互联网金融[12]。在国家的大力推进下，中国准独角兽将迎来全面深入的发展，大数据、智慧物联网、环保新能源/新材料、生物医药大健康、智能物流、人工智能先进制造业、工业机器人七大行业都将迎来爆发性发展。为此，国家也陆续出台相应的规划和相关的政策以适应和推动行业和企业的发展，包括《中华人民共和国国民经济和社会发展第十三个五年规划纲要》《国家创新驱动发展战略纲要》《国家中长期科学和技术发展规划纲要（2006—2020 年）》等。

独角兽企业是科技创新、经济发展的中坚力量，一个国家、一个地区或一个城市所拥有的独角兽企业数量已成为衡量其发展水平的重要标志。而准独角兽企业则是区域经济未来发展的晴雨表，由于其具备高科技性、高创新性特点，其发展将呈指数级爆发增长趋势。中国经济发展正处于新旧动能转换和经济结构升级的关键时期，在国家高新区促进"双创"和"培育新动能"工作的推动下，培育独角兽、准独角兽企业，已成为各国、各地区经济发展的重要战略。通过集聚创新创业资源、为企业的成长提供良好的发展环境等举措，推动创业繁荣和准独角兽企业群体的壮大，从而形成国家和地区健康的可持续的创新创业生态。

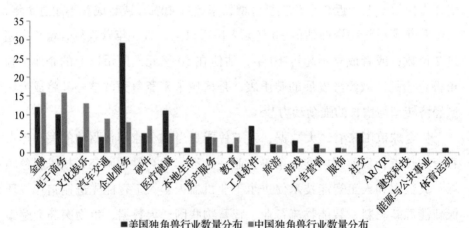

图 4-2　中国和美国独角兽行业数量分布

参考文献

[1] 袁春兰. 英国公司法的历史及其资本制度论略 [J]. 经济师，2005(10)：75-76.
[2] 艾萨克森. 史蒂夫·乔布斯传 [M]. 北京：中信出版社，2011.
[3] 姚娟. 流行哲理小品（中国卷）[M]. 北京：中国三峡出版社，2007.
[4] PAN SINNO JIALIN, YANG QIANG. A Survey on Transfer Learning[J]. IEEE Transactions on Knowledge and Data Engineering，2010，22(10)：1345-1359.

[5] 孙继伟，孔蕴雯. 外卖 O2O 平台商业模式比较——以饿了么、美团外卖、到家美食会为例 [J]. 企业管理，2016，414(2)：86-88.

[6] 刘晓峰. 知识管理机制的探路者：科大讯飞公司 [J]. 华东经济管理，2004(5)：85-87.

[7] 韦敏. 为用户和投资人创造长期价值——访广州小鹏汽车科技有限公司董事长兼 CEO 何小鹏 [J]. 企业管理，2019，449(1)：44-47.

[8] 陈剑，林佳霓. "小镇大妈"眼中的拼多多 [J]. 企业管理，2018(10)：68-70.

[9] 方子洁，韩人斌. 拼多多的非研发创新 [J]. 企业管理，2019，455(7)：79-82.

[10] 杨乐怡. 重新崛起：短视频行业的 UGC 价值再现——以快手为例 [J]. 新闻战线，2017(10)：107-109.

[11] 邓建国，张琦. 移动短视频的创新、扩散与挑战 [J]. 新闻与写作，2018(5)：10-15.

[12] 德勤. 中美独角兽研究报告 [EB/OL].[2018-06-14]. https://www.sohu.com/a/235782027-367387.

习题

1. 创业成功和失败是如何定义的？每个人的定义是否都一样？
2. 对于创业公司而言，有哪些阶段性的标志？
3. 目标分解法和迁移学习法在实际当中有哪些例子？
4. 把创业要素归纳为天时、地利、人和，具体而言，在创业中它们分别指的是什么？
5. 以手机行业的知名企业（摩托罗拉、诺基亚、苹果、华为等）为例，分析天时在创业中起到的作用。
6. 分析各个省份出台的支持创新和创业的文件，它们有哪些地域特色？
7. 如何理解合伙人之间的矛盾不可避免？如何延缓或者化解这些矛盾？

思考题

1. 考察一个你听说过的创业公司，仔细分析它在创立初期、中期以及为你所知以后发生的标志性事件，并通过本书中的内容对这些事件进行总结和评价。
2. 设想你有一个创新创业项目，面对投资人（或项目评审人），你会做出怎样的文档？

第 5 章

高校的创新创业人才培养

5.1 引言

国务院在 2015 年发布的《国务院关于大力推进大众创业万众创新若干政策措施的意见》中提出，推进大众创业、万众创新，是激发全社会创新潜能和创业活力的有效途径，并支持大学生进行创新创业。同时，在《国家中长期教育改革和发展纲要（2010—2020 年）》中明确指出，要"创新人才培养模式。适应国家和社会发展需要，遵循教育规律和人才成长规律，深化教育教学改革，创新教育教学方法，探索多种培养方式，形成各类人才辈出、拔尖创新人才不断涌现的局面"[1]。面对新形势、新局面，高校应该如何培养大学生的创新创业能力是一个亟待解决的问题。

2015 年，国务院办公厅印发了《国务院办公厅关于深化高等学校创新创业教育改革的实施意见》[1]，明确了高校创新创业改革的主要任务和具体措施：完善人才培养质量标准；创新人才培养机制；健全创新创业教育课程体系；改革教学方法和考核方式；强化创新创业实践；改革教学和学籍管理制度；加强教师创新创业教育教学能力建设；改进学生创业指导服务；完善创新创业资金支持和政策保障体系。这标志着创新创业教育改革正式成为高校教学建设的重要任务之一。因此，如何建立健全课堂教学、自主学习、结合实践、指导帮扶、文化引领融为一体的高校创新创业教育体系，提升人才培养质量，提高学生的创新精神、创业意识和创新创业能力，并投身创业实践，成为各高校当前在教育教学改革实践方面的工作重点。

在国家大力倡导"大众创业、万众创新"的背景下，各个高校也相继在校园内开展了与创业教育相关内容的学习活动，其目的是通过对高校在校生的创业教育，使得高校学生提升自身的综合素质与创新能力，全面适应目前的社会经济发展出现的一些新情况与新挑战。[2]创新创业教育厚植于新经济的发展沃土，促进了创新生态的发展，加速了人才、市场、技术和资金的融合。在这种背景下，高校工科类专业应与时俱进，探索多样化、个性化的人才培养模式，培养新时代具有"双创"能力的工程技术人才[3]。

软件产业是国家战略性的新兴产业，也是创新创业的聚集地，它涵盖物联网、大数据、云计算和移动互联等高新科技应用。近年来，我国软件产业保持平稳快速发展，企业对软件人才的需求量不断增加，国家也通过开展新工科专业的软件工程研究与实践，促进软件工程高等教育改革以及与各部门的相互融合。结合市场需求以及国家战略发展，作为培养软件和信息产业专门人才的高校软件工程专业，如何在新形势、新背景下与时俱进，主动探索和改革多样化、个性化的人才培养模式，培养符合企业需求的"创新创业"型软件人才，面临新的要求和挑战。

5.2 创新创业教育的国内外发展情况

5.2.1 国内外创新创业教育情况

1. 从小学开始进行创新创业教育

从1947年美国开始创新创业教育以来，各国都在结合自身发展的基础上因地制宜地发展创业创新教育。从小学到大学，创新创业教育都受到足够的重视。纵观国外典型成功国家关于创新创业的路径，它们的创新创业教育都开始得很早，甚至从小学时代就进行创新创业教育，美国创新创业教育总体的特点就是：起步早、体系较完备。小学是人生的启蒙阶段，从小学开始进行创新创业教育，不仅能激发小学生对于创新创造的好奇心，同时也让他们对社会的运作、企业的运营以及市场这只看不见的手如何发挥作用有一个初步的印象，从而了解创业的基本轮廓。同时，小学阶段就开始的创新创业启蒙教育，也能提升大众对创新创业在整个国家以及社会发展中所发挥的重要作用的认可，让创新创业观念深入人心。

美国的创新创业教育主要有以下特征：有效的激励政策、完善的创新创业教育人才培养体系、动态化的创业网络组织、终生接受创新创业教育的理念。另外，政府为社会上具有不同教育背景和受教育程度不同的人群提供不同形式的创新创业教育途径也是非常重要的一点。不只是高校的学生，社会人士的创新创业教育也同样受到西方政府的高度重视。

2. 转变观念，将创新和创业紧密结合

我国先前提出"以创业促就业""先就业再创业"等口号以促进创业工作的开展，目的是缓解高校毕业生就业难的压力，鼓励毕业生通过自主创业来改善就业状况，同时也给社会提供更多的就业岗位，改善就业。因此，最初将创业和就业紧密联系在一起、鼓励创业的初衷是为了改变社会的整体就业环境，但如果把创业教育完全当作是为了改善就业，显然是片面的。

在长期的实践探索过程中，美国和德国发现虽然就业和创业有所联系，但是创新和创业之间的联系更加紧密，如果不重视创新和创业之间的关系，创业的视野和层次都会受到限制。20世纪后期，美国一些研究型大学利用自己的知识技术创新成果，吸引外部资金开发新产业，加速研究成果的转化，为产业和社会发展服务，使大学从次要的社会支撑机构转变为经济与社会发展的动力站。这些勇于冒险、富于创新的研究型大学被人们称为Entrepreneurial University，即创业型大学[4]，创业型大学是在研究型大学的基础上发展的。通过创新为创业带来源源不断的动力。在美国学者看来，

创业型大学具有强烈的创业精神和丰富的创新研究成果，与传统大学相比，具有更强的科研实力、团队合作精神、应对外界环境变化和资源获取的能力，教学与研究更注重面向实际问题和更为有效的知识转移运作机制。它们与政府和企业有着十分紧密的联系，更直接地参与研究成果商业化活动，是推动经济与社会发展的不竭动力。正是这样将创新和创业紧密结合在一起，美国的大学已经成为国家和企业的智库，成为社会经济发展的核心和动力源。此外，美国的创业创新教育从教育组织的不同产生了不同发展模式，即磁石模式（以学院为主体的创业教育模式）、辐射模式（以大学为主体的创业创新教育模式）和混合模式（介于两者之间，专业教育和创业教育合作的模式）。

德国也是很早就开始重视创新创业教育，在创新创业模式不断变革的路上发展得越来越快、越来越好，诞生了一大批"创业型"大学，比如慕尼黑大学和慕尼黑工业大学，它们引领和支撑着整个国家的经济社会发展。德国能够保持强劲的经济增长势头，主要的根源就是德国具有完善的创新创业教育生态体系。作为欧洲发达国家，德国不仅拥有完善的传统教育，而且具有明显的市场化特点。德国的创新创业教育的特点是因地制宜、因材施教地开展创新创业教育，形成了以创业教授席位为核心的创新创业教育体系，强大的社会创新力量与高校创业教育相配合。

3. 尝试产-政-学创新创业模式

日本发展到世界科技强国的位置，很大程度归功于它的教育体系。产、政、学协同模式是日本教育的特色之一，这一模式为日本的创新创业教育提供了强大的后盾。在开展创新创业教育初期，日本充分调动了社会各界的力量和资源，为创新创业教育开辟了一条独特的道路，形成了以受托或独立进行创业教育的组织（企业和非营利组织）、政府（经济产业省、地方公共团体、产业振兴团体）以及高校本身的创业教育三者协同模式。

在这种模式下，企业和非营利组织为创新创业教育提供技术和资金支持是很有必要的，因为对于初创型企业来说，资金链是非常重要的，在企业成立初期很可能面临融资难的问题，如果企业和一些非营利组织能够为创新创业教育提供经济和技术支持，也能更好地为国家和社会带来经济效益。西方一些国家的政府对创新创业教育是相当重视的，它们在政策上为创新创业教育提供支持。2000年，日本经济产业省就将"企业家精神涵养教材开发普及事业"交给了民间企业，在各地由民间主导进行运营。在2003年的时候，日本就有了能够指导青年创业的指导性文件。就这样循序渐进，在接下来的十几年中，日本颁布了促进创新创业的一系列政策，比如设备投资减税、天使税制等创业支持政策。由产、政、学这三个方面共同努力，整合社会、政府和高校的力量和资源，让创业市场主体能够体会到国家对创新创业的重视，这样既能提高创业的成功率，又能培养人才的企业家精神，也为国家培养更多研究型创业人才。

4. 重视实践与教学相结合

新加坡是亚太地区创新创业教育起步较早的国家，在创新创业教育实践上取得了显著成效。创新创业教育是新加坡教育体系的重要组成部分，并形成了以下特色。

第一，拥有东西方独具特色的创新创业系列课程。新加坡高校具有完备的创新创业系列课程，具有高度国际化特点。完善的教学架构、国际化的课程体系和国际化的师资结构促进了新加坡创新创业教育的发展。

第二，拥有完善的创新创业生态圈和创新创业中心。新加坡各个高校在打造创新创业生态圈方面成效较大。它们通过设立创新创业中心将校园打造成企业的孵化场所，强调在创业教育课程中教与学的互动，致力于培养学生的全球化思维和商业领导力，掌握创业实践技能。

第三，创新创业教育成果的产业化。新加坡的创新创业教育特别重视产、学、研的一体化，各高校普遍建立了专业研究机构，承担国家重大课题，直接服务于经济社会发展。

综上所述，高校在进行创新创业教育的过程中，可以考虑协同中小学发挥创新创业的主体作用，借鉴西方国家重视在校大学生、中小学生和社会人士的创新创业教育，在注重传授创新创业理论的同时丰富创新创业的实践活动，从而获得更好的培育成效。

5.2.2 国内外创新创业教育的研究情况

创业教育研究的主要内容包括：创业教育课程的研究和开发，创业教育的教学方法改革，创业培训和就业的立法研究，对大学生创业及创业孵化政策支持体系的研究等。在创新创业教育方面，各国政府都加强了相关的研究，使其取得了较大的发展势头。

1. 美国

美国已经形成了一个完整的创新生态系统——它以鼓励和推动创新为核心要素，包括政府、产业部门、非营利性机构、高等教育机构等多个部门，以分享共同认可的目标和价值观为系统存在的基础，从而实现繁荣市场为导向的创新和培育更多的创业企业，为了进一步深化研究型大学的创新创业能力，进而推动国家和区域的经济发展[5]。2011年，美国创新创业咨询委员会（NACIE）向美国政府提交了一份关于推动高校专利商业化的建议，强调应更多关注大学的创新与创业，寻求美国政府经费资助以推动相关领域的创新创业工作，并强调推动创新和专利运用的重要性。

为进一步深化研究型大学的创新创业能力，进而推动国家和地方的经济发展，2013年7月，美国商务部发布了《创新与创业型大学：聚焦高等教育创新和创业》报告，明确大学创新创业中的五大核心活动领域，即促进学生创新和创业，鼓励教师创新和创业，支持大学专利及科技成果转化，促进校企合作，参与区域与地方经济发展等路径来推动国家和地方经济发展，充分利用自身的优势来实现大学科技与产业之间的协同发展，构建和谐的国家创新创业生态体系。

美国的大学中有为本科生、研究生和博士后研究人员提供支持创业的课程和计划。学生可以参加跨越不同学科的学习，更好地理解创新和创业，并为创新创业奠定基础。

建立大学与企业的联系,也是推动创业创新的一条重要途径。美国斯坦福大学一直致力于校企合作,首创"科技工业园区"模式,这是一种有利于创新创业的新模式。在这种模式下,一方面可以让企业得到大学最新的专利等科研成果,以实现建立在创新基础上的快速发展;另一方面,学校得到企业支持后可以目标更明确、更快地完成发明创造项目,持续为企业服务。因此,斯坦福大学与硅谷之间多年来形成的这种良性循环成为美国产学研合作的典范。

2. 英国

2014年年底,英国新组建的英国商务、创新和技能部制定了国家科技战略,计划未来5年投资59亿英镑,用于支持大众创业和发明创造,追求建立在知识产权基础之上的世界领先技术水平。对于本国国民创业创新发展的新技术,政府支持其实现转化,在英国新增的支持创业创新的计划中,将扶植一批有创新活力的中小企业,为其改善创业创新环境,使其得到良好的发展。统计数据表明,近10年来,英国有1/3的生产率增长来自创业创新。

2014年,英国商务、创新和技能部制定的《英国经济增长计划:科学与创新》中,着重提出了支持创业创新的方针,明确将支持创业创新列为英国长期经济增长计划的核心,为英国的创业创新增添了新的动力。

3. 德国

德国政府和金融研究机构联合在中学、大学开设创业课程,学生很早就开始尝试自己开公司,接触和熟悉企业管理及经营知识,积极培养学生的创业意识。同时德国联邦教研部通过实施"EXIST"区域创业计划,选出哈根、德累斯顿、耶拿/魏玛、卡斯鲁厄和斯图加特5个地区,支持这些地区的大学与校外经济界、科学界和政府部门建立合作伙伴关系,推动大学的创业活动,提高创业质量。德国政府有650项促进中小企业发展的计划,为创新创业企业提供宽松的信贷援助和担保支持。德国有超过3万家研究型企业和超过11万家创新型公司不间断地为市场提供新产品。

4. 国内

从 2003 年开始，国内很多教育工作者围绕创新创业教育开展了广泛和深入的理论研究和实践探索，近十年的相关研究成果也较多。例如，文献[6]研究了创业教育体系，研究内容涉及高校大学生创业教育内涵、目标、教育体系、课程设置、模式和策略等方面。文献[7]研究了大学创业教育组织体系的构建，通过对国内外创业教育组织模式的对比，以辐射模式为组织形式构建了"一主体，三进阶，七环节"的创业教育组织体系。文献[8]中引入协同创新的理念，指出创业教育环境涉及校内各部门、教职工和广大学生，以及校外的政府、企业、行业协会等方方面面，迫切需要引入协同创新理念，以促进更大范围的资源交流共享。文献[10][11]构建了大学生创业孵化过程模型，探索了大学生创业孵化基地的建设模式以及创业孵化基地的运营模式、孵化模式、保障体系等。文献[11]研究了教育对大学生创新创业的影响，包括能力和成功率等方面的研究，根据新时期下大学生创业现状进行分析，指出教育对创新创业的重要性，并提出在现代教育背景下，如何才能提高创新创业的成功率。文献[12]研究了产学研交叉融合问题，对产学研合作的发展现状及存在的问题进行了分析，并在此基础上提出了促进产学研融合发展的措施等。

目前，关于推进"大众创业、万众创新"的体制机制与政策研究，主要围绕《国务院关于大力推进大众创业万众创新若干政策措施的意见》展开。第一，创新体制机制以实现创业便利化，具体包括以下四个方面：完善公平竞争市场环境；深化商事制度改革，如加快实施工商营业执照、组织机构代码证、税务登记证"三证合一"等；加强创业知识产权保护；健全创业人才培养与流动机制。第二，运用政策工具，支持和推进"大众创业、万众创新"，主要包括财税和金融政策。前者主要指，利用资金支持、完善普惠性税收措施、发挥政府采购的支持作用等手段，优化财税政策，强化创业扶持。后者主要指，进一步优化资本市场、创新银行支持方式、丰富创业融资新模式，搞活金融市场，实现便捷融资。

经过十几年的努力，我国高校在推动创新创业领域确实取得了一定的成效，但与许多发达国家相比，总体水平还有较大差距。长期以来，政府、企业、高校、科研院所几方面力量各成体系、各自为战的局面尚未真正扭转，分散、封闭、低效仍是我国科技创新存在的最大问题[13]。

5.3 "双创"教育对传统人才培养模式提出的挑战

当前人工智能、大数据、云计算、移动互联网和物联网的发展深刻地影响和改变了社会生产和人们生活的方方面面，而软件行业对于这些技术的快速发展起到了重要的支撑作用，企业对软件人才的需求量不断增加。作为培养软件和信息产业专门人才的软件工程专业，在这种新形势、新背景下如何主动适应社会需求，对人才培养模式进行改革，培养具有"双创"能力的人才，实现人才培养与企业需求的无缝对接，是软件人才培养亟待解决的问题。

虽然越来越多的高校开始重视并大力推进创新创业教育，但作为创新创业教育受教的主体——大学生在思想认识上仍存在偏差，大学生对创新创业的关注度不高，主观能动性较差，传统观念仍然影响着大学生的创新创业意识。同时，大多数高校的创新创业教育还没有形成科学规范的课程体系，仅仅把创新创业教育作为就业指导的一部分，或以创新创业讲座的形式开展，讲座内容主要以营销、管理、法律、工商、税务等为主，而没有融入专业知识，形成科技创新创业[14]，面对当前"双创"人才培养的新需求，传统的人才培养模式存在一定的制约，主要体现在以下几个方面[3]。

（1）课程体系和课程内容与产业需求对接不紧密

在课程体系方面，很多高校只注重专业基础课程的建设，强调专业基本理论和知识的掌握，缺少对学生双创能力的指导和培养。课程内容与产业实际需求联系不紧密，部分教材的修订和版本更新不及时，案例陈旧过时，从而导致教学内容与实际需求脱节，与市场人才需求不匹配。学生缺乏团队协作能力，不熟悉软件开发的国际通用标准，所培养的学生难以符合软件产业的实际需求。

（2）教学模式不利于提升学生的创新和实践能力

现有的教学模式主要以理论知识、技术的讲解为主，授课方式单一，缺少启发式教学和创新创业项目的案例式教学，理论教学和实践教学融合度不高，使得学生对理论的理解不深，实践能力不强，学习完专业课程后，许多学生仍然缺乏工程能力和创新能力，缺乏学习兴趣和积极性，从而影响其创新意识的培养及创新潜力的发挥。研究表明，成熟的软件工程人才在具备扎实的理论基础、宽广的专业知识和创新能力框架下，必须受到正规的、良好的工程实践训练和职业熏陶。因此，学校在帮助学生打下扎实理论基础知识和专业知识的同时，需要为他们提供更多的创新思维培养和创新实践训练。

（3）教学质量监控和保障系统不完善

当前的教学质量检查和评估，主要关注课堂教学过程的规范性、学生的考试成绩，以及学生和教师之间的互评，无法对学生的职业素养、创新能力进行考核，难以反映实际的教学质量，没有建立符合软件人才需求的质量监控和保障体系。

5.4 高校开展"双创"人才培养的途径探索

1. 提升创新创业能力的人才培养模式探索

在"双创"教育背景下，高校要围绕工科人才"创意–创新–创业"教育体系这一主题和能力培养需求，对"创新创业"高端人才培养模式进行探索，形成推动创新创业成果转化应用、产学研用紧密结合的体制机制。为实现这一目的，需要根据创新创业发展需求，动态调整人才培养方向，建立贯穿大学四年的专业实践课程和创新创业课程，搭建校企协同育人平台，探索产学研用紧密结合的工程教育模式，以学生发展为中心，围绕学生的兴趣，面向产业和领域培养"软件+"复合交叉型、创新创业型人才，并与学校、省市孵化器进行对接，构建一个开放的创新创业环境，促进学生、教师科研成果快速转化，具体措施如图 5-1 所示。

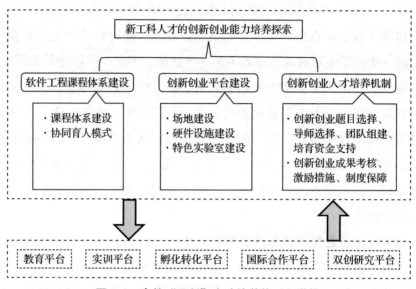

图 5-1　高校"双创"人才培养体系和举措

（1）优化课程体系，支撑"双创"教育

高校的人才培养主要依托各专业的理论和实践课程体系，在工科基本课程的基础上设立专业基础类课程以及体现技术发展和产业需求变化的专业特色类课程。软件工程专业的课程体系设置大多都遵循 IEEE-CS 和 ACM2005 学科教程知识体系（ESWBOK）以及 CDIO 国际工程教育模式，并多采用双语授课方式。

为了更好地培养学生解决复杂软件系统及软件设计、开发和管理等能力，强化创新思维和意识，在兼顾专业基础和行业需求的同时，需要调整和优化课程体系。首先，进一步增加与创新创业概念和理论有关的人文、商科、交叉学科等基础教育和实践能力培养的相关课程，使学生具有创新创业所需要的更宽阔的知识架构和综合素质；其次，加强实训课等实践类课程的建设和创新创业项目实践环节，使得"双创"的理论知识学习和实践锻炼贯穿大一到大四的各个阶段、各个环节，为"双创"型软件人才的培养提供更为完善的课程体系。支撑"双创"教育的软件工程专业课程体系结构如表5-1所示。

表5-1 软件工程专业课程体系和创新创业教育的融合

专业实践	专业实习和毕业设计	
方向领域课程	智能软件和人工智能、数字媒体、智能物联网与移动应用开发、云计算与大数据	贯穿大学四年的创新创业课程、实训及项目
计算机及软件工程专业基础课程	计算机组成原理、操作系统、数据结构、数据库、计算机网络、软件设计分析与建模、软件项目管理等	
公共基础课程	高等数学、大学英语、大学物理等公共基础课	

在以上的软件工程专业课程体系中，可构建贯穿大学四年整个培养过程的创新创业课程、实训及项目实践体系。除了开设创新创业教育相关的课程之外，还可以打通从大学一年级到四年级涵盖专业基础实验、专业课程实验、方向领域课程实验、实习等各个环节的创新创业实践体系，基于软件项目和工程能力的培养，通过不同的项目选题，分别设立不同级别的实验和实训内容，对于高年级学生的创新创业实践成果，则为其提供一定的项目孵化条件，从而在逐级提高学生创新创业能力的同时，实现人才培养和企业需求的无缝对接。

（2）发挥思政教育在"双创"能力培养中的引领作用

社会责任感和自主实践的思想是培养学生开拓创新、主动创业的驱动力。高校要充分发挥思政教育在人才培养方面的引领作用，通过思政课程以及专业课程的思政教育，教育和培养青年学生树立正确的世界观、人生观、价值观，教育引导学生为中国特色社会主义共同理想而奋斗的信念和信心。在培养学生加强"爱国、敬业、诚信、友善"等核心价值观教育的同时，将"创新、创造、创业"的"三创"精神扎根学生的思想意识，结合学风建设，为学生开展学业交流、学习指导，夯实学生的创新创业能力。

（3）发展校企协同育人

由于软件行业具有技术更新快的特点，为了使人才培养更紧密地贴合产业发展需求、与企业技术需求同步,高校还应加强与软件及相关行业知名企业的校企合作,共同搭建协同育人平台。一方面,引进更多的知名企业高级技术人员参与"创新创业"课程体系的建设以及授课过程,将最新、最前沿的技术和方法引进课堂,通过案例教学、讨论式教学以及项目式课程实践的组织方式丰富教学内容和教学方法,培养学生的批判性和创造性思维,激发创新创业灵感。另一方面,通过与企业的联合培养,鼓励和支持学生走进企业实习,在企业实际项目中培养实践能力。

(4) 建设高校"创新创业"基地

高校可以遵循"体现技术前沿与专业特色"的原则和以"学生为主体、创新为驱动"的育人理念,依托各专业实验室或者合作企业开展创新创业基地建设。高校各个专业的"双创"基地可以整合各学院和专业的实验室场地和资源,在实验教学的课时安排之外,面向全校其他专业开放,允许跨学科组建"双创"团队,让学生不受时间和空间限制地开展创新创业活动,充分释放他们的巨大创新潜力,并积极推动校内、外的各级"创新创业"平台对接,为学生、教师创新创业项目提供融资、市场推广等各项服务。例如,对于软件工程专业,可以通过校内构建的基础软件实验室、软件工程实验室、人工智能实验室、计算机视觉实验室、移动计算实验室、计算机硬件与网络实验室等特色专业实验室来创建"双创"基地,并构建相应的虚拟化实验平台,开展面向不同软件应用领域的"双创"课程、实践活动和项目开发,根据学生的兴趣和爱好来实现学生的特色化培养。另一方面,高校还可以与合作企业建立创新实验室,企业提供项目需求和资金资助,通过项目招标的形式组建团队,并安排企业高级经理或者技术人员作为指导老师,增强学生工程实践能力。

(5) 建立并完善创新创业人才培养机制

国内高校可借鉴国外高校在推动学生创新创业能力培养方面的经验,建立院企、院地、院所以及国际合作的协同育人新机制,积极吸引社会资源投入创新创业人才培养。具体来说,创新创业高端人才培养机制主要包括以下几点。

1）创新创业团队组建。

高校的创新创业基地可以面向全校开放,包括各类技术研究平台和实验室,以促进实验教学平台共享。学院鼓励学生跨学科组建团队,开展实践活动,以充分发挥学生的潜能。团队的指导老师可以来自高校、科研机构、合作企业等多个渠道。一方面,高校培养或鼓励有丰富产学研经验的校内老师积极承担学生创新创业团队的指导任务。另一方面,高校可以通过建立校企合作关系,邀请合作的科研机构或企业委派技术专家进校开设技术创新课程或担任学生的创新创业导师,使学生不仅能够熟悉企业开发技术,还能了解企业文化和企业项目运作模式。

2）创新创业项目培育资金支持。

为支持创新创业类课程教学和学生"双创"类项目的培育、开发、孵化和推广,高校可多方吸引和统筹安排资金。一方面构建创新创业项目培育、成果孵化、产品推广的双创基地建设产业化链条,吸引社会组织、公益团体、企事业单位和个人在学校设立大学生创新创业基地建设基金、创新创业项目培育基金和学生自主创业风险基金等,多渠道筹措资金,建立相关机制合理使用资金,提高资金使用效益。另一方面,鼓励学生通过国家级、省级、校级大学生创新创业项目开展相关研究。

3）创新创业成果考核。

为提高创新创业基地建设和项目培育质量,高校可根据创新创业建设目标制订成果考核规范。例如,从以下三个方面进行考核。一是市场考核,有相应的合同、产品销售数据或应用案例体现项目进入学校、省市各级孵化器,或者项目被企业真实使用;二是竞赛获奖,项目在省市、国家、国际的各类别竞赛中获取竞赛奖项;三是由高校双创基地成立考核小组对项目进行评审,对项目完成情况、成果发表等方面做出评价。

4）制度保障。

高校可成立专门的创新创业指导小组,负责"双创"工作的基地建设、项目选题、指导安排、资金统筹、成果考核等。相关学院也对创新创业教育相关的教学计划、教学实训、企业实训、实验室运行等建立相应的规章制度，各项工作严格按照规章制度来实施，同时建立激励机制，使创新创业教育与教师年度绩效考核挂钩，培养和增强学生的工程实践和双创能力。

（6）创新创业能力培养促进学生就业

创新创业能力培养需要以提升学生就业竞争力和长远发展为驱动力，从而促进学生的求职就业成功率。在项目选题、企业对接、项目实施和成果落地等各个环节精准对接企业需求，通过融入职业规划的双创教育课程、知名IT企业参与和支持的专业竞赛，以及知名企业家讲座、创业成功优秀校友论坛等方式，在提高学生双创能力的同时，把双创教育与学生职业规划和就业力提升紧密结合，结合学生成长和发展需求，提高学生就业的质量和职业素养，促进学生就业成功率和职业满意度。

2. 提升创新创业能力的指导方法探索

（1）基于问题发现方式的选题方法

创新创业项目的选题过程可以作为问题发现过程。在此阶段，首先由指导教师根据当前行业发展需求确定选题的技术和应用领域，在此基础上引导学生的创新思维，鼓励学生通过线下采访调研的形式，从实际生活中发现问题，在与不同的用户进行的多次交流中获取有用的信息，对尽可能多的、不同层次的采访者进行调研，同时强调采访调查过程对采访者进行引导式问答，让被采访者提供更多有价值的信息，并对所有信息进行分类整理和逻辑连接，得到痛点问题、最有价值问题，从中提炼出用户需求，以确定最终的课程题目。

指导教师在实训内容选题上对题目的创新程度、可行性和社会价值提供指导与建议，通过给定范围而不确定题目的方法激励学生从现有问题中发现新问题。

（2）设计思想和实施计划制定

题目选定后，学生们要给出解决方案并制定实施计划。该阶段要启发学生的设计思想,鼓励学生运用六宫格等方式描述产品的不同解决方案,将其展现给不同的用户并获得用户的反馈,对用户反馈信息进行多样组合之后再展现给顾客并收集反馈,通过不断迭代的过程获得用户最满意的产品模型。这种创新的设计思想方法,不是由开发者自己凭空思考出问题和解决方案,而是对不同用户的反馈及设计想法进行随机组合的方式直到发现最合适的解决方案,是创新的一种独特而有效的方式。这一过程需要指导教师的积极引导和过程的组织。

之后制定实施计划,由参与项目的学生组成课题小组来商讨具体计划。课题计划主要包括人员分工计划、活动进展计划、时间安排计划。人员分工计划主要对小组成员进行角色分配,划分每人具体负责的区域,确保每位成员都能够参与其中;活动进展计划中根据课题持续的时间对每个阶段应该完成的任务进行划分以确保课程活动能够有序进行;一般时间安排计划与活动进展计划相对应,对每个阶段应完成的任务做出时间的规划,以确保项目能够在规定时间内完成。

邀请来自企业的指导教师从专业课程理论知识的应用与创新度、技术的可行性、应用前景分析等方面对项目进行综合评估和指导,使项目在综合运用专业知识的基础上更贴近产业需求和生产实践环节,帮助学生切实了解企业的软件项目开发流程、规范、要求等,提高学生解决实际工程的能力,并保证开发工作有条不紊地顺利进行。

(3)软件工程方法和项目实施

各小组制定好项目计划后,实施过程也就是软件开发过程,项目在此阶段可以应用读代码和写代码相互交叉、软件需求分析和迭代方法、代码切块和同步方法、结对编程、扁平化和去KPI的控制风险等步骤和方法,通过这种方式,帮助学生更深入地领会从普通程序员提升到优秀软件工程师的过程。

指导教师在整个实施过程对各个小组提供技术和方法指导,并了解和推进实施进度,确保项目按照之前制定的计划有序进行的同时,也可避免学生在遇到难以自行解决的问题时对项目或课题的完成情况丧失信心或者偏离主体方向。

每个阶段应形成一个阶段性的成果，通过产品展示、PPT、视频等不同的形式在各小组之间进行展示和讨论，在相互学习和交流的过程中获得新的灵感，同时也可激发学生的竞争意识，从而更高质量地完成项目内容。

（4）基于演讲形式的产品宣传

当项目实施完毕，每个小组对项目所完成的产品进行介绍和推广，把产品的开发目的和功能进行展示，此环节可以通过演讲和产品宣传的方式开展。指导教师引导学生思考将来在创业过程中，对公司新产品或服务进行宣传时如何表述才能获得产品的关注度、投资人及市场。首先要学生掌握产品宣传过程中的听众分类方法，例如，判断听众是投资人、合伙者还是普通顾客，每类听众分别关心的是什么，产品宣传过程中需要让听众记住什么。由此确定产品宣传过程中的主题、重点和关键点。接下来可以采用多种形式对产品进行介绍，例如讲述故事、抛出问题及解决方法等，并且从市场规模的预测、用户需求量等方面阐述产品的重要性。产品宣传的内容需要指导学生反复推敲，并掌握宣传演讲过程中的语音、语调、语速、停顿等技巧问题，让学生真正体会到好的产品宣传的魅力和效果。

（5）基于商业模型画布的商业推广

设计项目成果的商业模型是提升学生创业能力和水平非常重要的一个环节。"商业模型"是一个老生常谈但又含义模糊的词，有人将它单纯地认为是盈利，也有人认为它是产品、技术、流程、策略或者是销售渠道的集合。此阶段通过引导学生构建商业模型画布的方式，将"商业模型"这一概念和制作过程清晰化、生动化。商业模型画布将一个完整的产品商业化过程分解为包括客户细分、目标用户价值定位、产品销售及服务用户渠道、和用户之间的关系、利润资金流、核心资源、催生价值的核心活动、重要合伙人、成本架构在内的九个要素进行分格设计，并反复修订，以确保创业者能够掌握商业运营的所有细节，并且对每个方格中的内容在反复检验时进行修订和完善，以保证在后续实施过程中收入大于产出。

（6）体现过程和创新创业能力的项目实施评价考核方法

指导教师在设计和实施体现学生创新创业能力的项目评价考核方法时，需要设计一套完整的涵盖以上各个环节的指标体系以及对应的指标值来体现各个创业小组以及成员在项目实施过程中对各个环节的参与度、表现以及创新创业能力和水平，最终的评价可以由指导老师对各小组的评价分和各小组成员的互评分综合形成，以小组分为基础，通过各环节的权重，以加权平均的计算方式获得每个学生的最终创新创业项目实施能力评价分。

5.5 "双创"人才培养模式改革的进一步思考

1. 改革教学模式，优化教学手段，转变考核方式

高校需要改革传统教学模式。首先，线下的课堂教学可以充分利用多媒体设备，综合文字、图片、音频、视频等多种形式的教学资源来丰富教学内容和教学案例，同时采用启发式、探究式等教学方法与手段，以提问、讨论等方式加强课堂互动，及时了解学生的学习状况和学习效果，激发兴趣、积极性和思考能力，真正实现以学生为主体的课堂教学模式，培养学生探索、质疑的科学精神和批判性思维等创新创业所必须具备的素养，提高教学质量。同时，改革考核方式，加强对课程学习全过程的考查，将传统的期末闭卷考试转变为分阶段多形式的考核方式。考核形式不局限于试卷，采用具有开放性问答的考试，鼓励学生用创造性思维解决问题，考核时间也不仅集中在期中和期末，增加考核次数和考核点，可以根据教学内容，以调研报告、案例分析、作品实践等多种形式检验学生的创新意识和创新能力。

2. 完善高校创业课程体系和师资力量

目前我国很多高校尚没有形成系统性的创业课程体系，创业课程的设置也不太合理，关于创业基本知识方面的课程往往在高年级才开设。其实大学的低年级是积累创业基础知识的最佳时机，而高年级则是更适合开展创业实践的阶段，因此，这种情况使得本来应该进入创业实践的学生在高年级才开始了解创业的基本理论，从而延误了实践的时机。因此，形成科学系统的创业课程体系对于高校开展创新创业教育至关重要。

创新创业教育的质量也取决于施教主体，目前我国高校普遍存在创业师资比较匮乏的问题，高校的专任教师主要来源于高校毕业的博士、博士后，普遍缺乏工程实践经验，因此开展创新创业教育的师资力量在创业经验方面整体实力不强，因此提升创新创业教育师资的专业化水平刻不容缓。虽然很多高校也有校内、校外联合师资，但还不是特别成熟，还有很大的提升空间，可以通过校企合作建立校企师资联合培养机制，使大学教师能定期到企业开展科研合作和项目实践活动，促进教师对市场需求和行业技术发展形成更新的认识以及参与实际项目的机会，使其更直观地了解用人单位的技术需求和工作模式。教师们返回课堂教学时就可以通过自身的经历在专业课程中更多地结合实际工程问题来讲解相关知识，并开展创业与就业的教学活动，提高学生理论联系实际的能力，同时也能增强学生对于创新创业与职业发展的理解和规划。通过增强校企教育合作，吸收企业内优秀创业和就业者，邀请他们为高校学生讲述创业经济和经验，以促进师资内部交流并建立社会人脉关系。

3. 创建高校创业文化氛围

基于当前的创业型经济发展背景，培育高校创新创业文化对推动高校人才培养模式改革、促进大学生就业和成长以及增强高校的发展竞争力等具有十分重要的作用。培育创新创业的文化土壤，树立新时代的创业精神，应当广泛、持久地培养学生特别是大学生的创业能力、择业能力和适应能力；注重学生创业意识和创造型人格的培养，帮助学生构建创业型的知识结构。大众创业、万众创新，离不开一个"众"字，必须在"大众"中开展创业知识培训，使"万众"具有良好的创业意识、创业精神和创业能力，形成尊重创业、支持创业的社会氛围。

培养创新创业文化氛围，学校可以组织创新创业大赛，每年度组织一届创新创业大赛，对优秀获奖项目进行扶植、孵化。同时，积极组织师生参加"互联网+"大学生创新创业大赛、青年创业大赛。营造创新创业氛围，帮助学生产生不断自我实现的价值追求，在多层次、多类型的创新实践中塑造其创新性人格和企业家精神。

4. 以"创客"教育培养学生，建立"创客"空间和环境

"创客"一词来源于英文单词 Maker 或 Hacker，广义上的创客是指有创意，并且能够付诸实践进行创新的人[15]，创客的共同特质是创新、实践与分享。创客教育以培养学生的创客素养为导向，创客素养是指创造性地运用各种技术和非技术手段，通过团队协作发现问题、解构问题、寻找解决方案，并经过不断的实验形成创造性制品的能力。创客教育给学生传递"创客"文化，培养学生的创新思维、态度、技能和品质，培养动手能力、科技认知、团队协作、创意思维、工匠精神和分享精神，也能促进学生在就业后能尽快适应工作以及社会，提升自我实现能力。

近几年，我国越来越多的高校包括中小学都普遍加入创客运动、实施创客教育，李克强总理曾在给清华创客的回信中充分肯定了大学生勇于打破常规创新创业的开拓精神，希望他们有钻研学问的精进态度，不仅要向书本学习，也要向实践学习；不断丰富创客文化，把创客的种子在更大范围播撒开来。

实施创客教育"需要依托创客空间、创客文化、创客教师、创客课程、创客学习、创客资源和创客环境等进行相互融合与协同发展"[16]。

高校在广泛开展"创客"教育形式的各类实践课程或实践项目过程中，可以依托创新创业实践基地提供一个面向不同专业学生的创客空间，为学生们实现创新想法、创新设计或者创业项目提供校企指导师资、实践场地、软硬件条件、共享资源以及交流空间等，鼓励作为创客的学生在个人探索创新和内化吸收的基础上，在创客空间里开展以团队为组织形式的讨论会，对各类创意项目从选题到执行开发过程中的各种问题开展充分的质询和实证，从而有助于各种创意想法和设计最终能达成更完整和具体的创新实践目标。

参考文献

[1] 国务院办公厅. 国务院办公厅关于深化高等学校创新创业教育改革的实施意见：国办发[2015]36号[A/OL]. [2015-05-13]. http://www.gov.cn/xinwen/2015-05/13/content_2861327.htm.

[2] 刘红."大众创业、万众创新"背景下提高大学生实践能力创新培养模式的探索[J]. 河北企业，2016(1)：69-71.

[3] 陈志刚，夏旭，师雷宏，等."双创"视域下软件工程专业人才培养模式探析[J]. 中国大学教学，2017.

[4] 刘军仪. 创业型大学：美国研究型大学发展的新动向[J]. 全球教育展望，2008，37(12)：42-45.

[5] 赵中建，卓泽林. 美国研究型大学在国家创新创业系统中的路径探究——基于美国商务部《创新与创业型大学》报告的解读与分析[J]. 全球教育展望，2015，44(8)：41-54.

[6] 刘志侃. 对我国高校大学生创业教育研究的回顾与反思[J]. 重庆理工大学学报（社会科学），2014，28(2)：116-122.

[7] 姚琦，黄佳. 浅析教学研究型大学创业教育组织体系的构建[J]. 人力资源管理，2014(8)：247-249.

[8] 任泽中，陈文娟. 引入协同创新理念优化高校创业教育[J]. 中国高等教育，2013(10)：45-47.

[9] 钱辉，范晓清，王皓白. 基于大学创业孵化过程的创业教育研究[J]. 高等工程教育研究，2012(5).

[10] 祁鸣鸣，韩希. 高校大学生创业孵化基地建设研究[J]. 价值工程，2013(23).

[11] 杨志学. 教育对大学生创新创业的影响[J]. 中国培训，2015(20).

[12] 杨杰，方铮坤. 产学研融合创新发展现状分析及对策研究[J]. 创新科技，2016(11)：22-23.

[13] 刘宝存. 美国产学研协同创新机制什么样[J]. 中国教育报，2015(9).

[14] 王刚. 基于软件技术专业大学生创新创业能力培养模式探索[J]. 内江科技，2017，38(1)：130-131.

[15] 宋述强，钟晓流，焦丽珍，等. 创客教育及其空间生态建设[J]. 现代教育技

术，2016，26(1)：13-20.
[16] 祝智庭，雒亮. 从创客运动到创客教育：培植众创文化[J]. 电化教育研究，2015，(7)：5-13.

习题

1. 高校的"双创"教育对传统人才培养模式提出了哪些挑战？
2. 高校开展"双创"型人才培养有哪些途径？
3. 提升创新创业能力的课程指导方法有哪些？

思考题

1. 高校的"双创"教育课程体系设置中应包含哪些课程？
2. 考察1～2个你熟悉的高校，了解该学校的创新创业教育开展的情况，包括人才培养模式、课程、"双创"活动以及成效等，并进行分析和总结。
3. 设想一下，如果参加一个学校的创新创业项目，你希望得到学校哪些方面的支持和帮助？

CHAPTER 6
第 6 章

时代召唤下的创新与创业

6.1 浪潮之巅,新时代的召唤

21世纪,创业已成为一种价值导向、一种生活方式、一种时代气息。人们的消费方式呈多元化和多样化,有更多新的需求,这也催生出了许多新产业、新业态、新产品和新服务。在高速发展的信息时代,信息技术给人们的生产和生活带来了极大的便利,例如,通过电子商务平台,人们足不出户就可以买到自己想要的东西,并且享受送货到家的服务;不管相隔多远,通过即时聊天工具就可以跨越距离障碍,随时看到对方;人们还可以很方便地远程控制设备、跟踪货物信息……因此,作为信息技术之魂的软件,其创新创业已经成为新时代的要求。

在此背景下,各种软件相关的创新技术、理论和应用不断涌现,其中,大数据和人工智能是目前最为热门和引人注目的领域。

人工智能在大数据时代的创新和发展形式主要有以下几种。

1)识别系统。这种系统主要是利用计算机的存储和计算功能,对人或者物体进行认知。例如,现在的智能手机大多带有指纹识别、指纹解锁的功能,这种功能就是先对使用者的指纹通过一定的手段提取特征并存储后,下次便能与使用者的指纹特征进行比对以区分使用者的身份,而形成的一种智能识别系统,在这种系统下,手机就算被人拿走,也因无法解锁系统盗取里面的内容,从而保证了用户的信息安全,因此,智能识别的作用巨大。

2) 专家系统。该系统能让信息的处理更快、更专业,从而帮助人们解决难题。例如,计算机上的360软件管家,就是帮助人们下载软件、清理内存、防止病毒入侵的专家系统。

3) 符号计算。该计算形式帮助人们运用软件更好地计算出精确的数据。例如,企业的财务会计、生产计划、物资采购中都会用到此系统。

4) 人工神经网络和机器情感。这种系统相对以上几种系统较为先进,也是科学家现在正在突破和创新的主要方向。众所周知,人工智能是指,在科学家的研究下,让机器人自动完成某一项特定的活动,而机器人虽然外表活灵活现,但是它们本身是没有任何情感的。当前,科学家正在利用大数据系统联合生物、物理等多个领域,研究人类的大脑神经,从而让机器人能够拥有和人一样的情感。

大数据指不同来源、具有不同类型、代表不同含义的海量数据。利用已经收集到的大数据,人们可以建立各种数学模型并进行模拟运算,从而获得数据之间的各种关系、变化规律和趋势,以及可能产生的影响等。例如,通过医学数据的积累和分析,可以预测疾病发生的概率,以及如何更好地进行治疗;通过对人们日常消费数据的积累和分析,可以预测消费需求,促进销售;通过对环境数据的积累和分析,可以预测未来气候变化,防范自然灾害;等等。总之,大数据使人们的工作和生活变得更高效、更轻松、更便利。

当代社会,各种类型的数据产品、智能产品层出不穷,为人们的生产和生活做出了重大的贡献,这些都是人工智能和大数据结合的产物。例如,人工智能机器人在自行生产和活动中,需要大量的数据支持和知识支撑,而这一切都离不开大数据。同样,大数据要想获得更大的发展、创造更新的产品和技术,也离不开人工智能的支持。

那么在大数据背景下,针对电商企业的创新和创业会有哪些新的特点呢?

（1）有效的规划和精准的营销策划

市场营销从开始到结束都是商业企业追求利益最大化的手段。精准营销是通过定量和定性相结合的方法在进行精准定位的基础上，依托现代信息技术手段捕获目标受众的消费心理和消费行为等信息，建立个性化的顾客沟通服务体系，建立一个恰当的信息传输通道，并对顾客进行有针对性的营销活动，实现"一对一营销"，实现企业精准、可衡量和高回报的营销沟通，达到对效益最大化的追求[1]。亚马逊公司就是通过大数据来促进销售的，这也使亚马逊的数据操作具有鲜明的特点。从用户数据的收集开始，亚马逊的数据系统详细地记录着每个个人用户的搜索页面内容，其中具体包括搜索的产品的详细信息以及该用户在每个页面上的停留时间，并且对同类产品进行比较，最后为用户推荐一款或多款产品。除此以外，亚马逊还会采用一些明智的小技巧，例如，通过一些微不足道的小事件，将某一新产品或新实物推向不同类型和阶层的用户，而且通过"抽奖"之类的交互式插件的使用，来获得参与相关活动的用户的反馈信息，以更加能够通过分析用户数据了解用户的真实偏好。因此，得益于对用户数据的挖掘，亚马逊对用户的爱好兴趣、消费习惯以及购物偏见和潜在需求都如数家珍。这些都有助于做到数据完整的精准营销。

（2）数据服务已成为创新创业的发展趋势

腾讯、阿里巴巴以及百度等知名网络平台都已经相继成为可通过数据挖掘获得巨大财富的数据的所有者。显而易见，现在数据业务已成为中国电商的核心业务，销售数据和相关服务也已经成为一个新的创收增长点。以阿里巴巴为例，阿里巴巴集团每天都会获得海量的用户数据，仅淘宝网每天便可获得约 7000GB 的数据量。这些数据主要包括商家的店铺内操作和营销信息、物流企业配送信息及消费者的浏览和交易信息。[2] 打开淘宝网数据平台，例如，对于个人用户来说，"淘宝指数"可免费展示信息给公众，淘宝网公众可以通过各种指标、指数了解行业和宏观经济。阿里整合其所有电商模式的基石——大数据平台已经形成，淘宝正在转化为电商

"生态系统"的基础服务提供商和数据服务提供商。

（3）以增强用户体验为核心的服务理念

提高产品和服务的用户体验和认可度是产品获得用户和市场的重要支撑，谁的用户多，谁就可以占领市场，从中脱颖而出。一个典型应用是终端用户打造京东模式。京东每天产生数亿的个人信息，其用户分析程序，设置了一些个体识别模型，然后根据用户的特点，京东推荐相应的产品和网站，在很大程度上提升了京东用户的消费体验。

大数据虽然给电商带来了整体繁荣的景象，但同时也带来了很多亟待解决的问题。

第一，数据安全隐私管理是电商企业在大数据时代背景下不得不面对的重要问题。众所周知，大数据时代，在屏蔽外部数据的基础上进行个人信息的分析和挖掘是一个不现实的美好愿望[3]。现阶段，几乎没有哪一个社交网络不采取一定的措施，不同程度地开放用户的实时数据，这些数据记录了网络用户注册时的个人信息以及浏览网站时的历史记录，这些数据被一些提供商收集起来后进行整合和分析，可以让电商企业掌握个人用户的消费倾向和喜好，较为准确地预测客户的需求点，从而在创新商品时大大提高成功率，企业的利润空间也会因此得到大步提升。另一方面，利用这些数据基本上可以精确地锁定网络用户，还可以进一步挖掘他的个人信息以及相关的银行账号和密码等隐私。这些隐私一旦泄露，后果不堪设想。

第二，对于电商来说，客户的信息数据具有重要价值。近几年来，阿里巴巴以及京东等第三方网络交易平台和电子商务网站蓬勃发展，让它们得到了有关经营者和消费者的大量信息，这些信息包含用户的收入状况、消费习惯以及信用等。利用大数据理论和技术，对用户的网络购物以及支付等数据进行深度挖掘和分析，可以发现大量有价值的信息和统计规律。也可以分析商业数据产品的行业搜索、浏览以及交易等，这些研究结果可用于企业数据化运营和市场行业研究等。由此可知，拥有较多数据的企业发展起来就会更容易。

基于以上阐述，有理由相信在大数据环境下，电商企业管理模式存在天然的创新优势，从我国当前现状来看，电子商务企业开始逐渐意识到大数据时代的到来将对未来产生重要影响，同时开始针对大数据这个比较新的领域进行探索和研究，这样的一系列举动让电子商务得到了非常迅速的发展，由此衍生的全新的数据管理模式，让电商的整体服务模式也得到革新，未来数据的实际应用将会决定企业的经营情况，新的营销管理模式更适合市场的发展需要。

当前，全世界正在进行一场新的技术革命，其中主要聚焦于高端技术领域，大数据、云计算、物联网、人工智能、区块链等新兴技术正在不断改进和应用，并且这些新技术已经渗入许多行业中，可以说未来各行各业的转型升级都离不开新技术的产生以及运用。《广东省国民经济和社会发展第十四个五年规划和2035年远景目标纲要》[4]（下面简称《纲要》）中明确指出，以粤港澳大湾区国际科技创新中心建设为引领，坚持科技创新和制度创新双轮驱动。以建设国家数字经济创新发展试验区为契机，围绕数字产业化和产业数字化，聚焦提升产业发展能级、培育创新发展生态、发展新业态/新模式，大力推动数字经济高质量发展。《纲要》中强调科技创新，推动数字经济。深圳一直以来都是中国创新城市的典范，改革开放短短几十年取得如此巨大的成就，离不开这座城市的不断创新，尤其是在高精尖领域包括计算机、通信、电子等方面具有较强的创新实力，深圳积极培育机器人、可穿戴设备、智能装备等未来产业，设立专项资金对产业进行大手笔扶持。市财政每年安排5亿元，设立机器人、可穿戴设备和智能装备产业发展专项资金，支持产业核心技术攻克、产业链关键环节培育和引进、重点企业发展、产业化项目。

6.2 大胆创新，理性创业

当今世界，随着信息的高速发展，越来越多的软件相关产业也如雨后春笋般成长起来,纵观整个中国市场,信息化用户总体需求不改上扬趋势,软件行业的市场需求仍然巨大,因此,对于软件创新创业的前景应抱着极大的信心,不过要实现其发展,必定要对软件项目开发的整体有一个清晰的把握,本节将其总结为以下几个方面。

1. 软件产品项目开发的产业背景

近两年来,以软件和信息服务外包为主要业务特色的软件产业获得了超常规的快速发展,形成了产业和企业的集聚效应,大批跨国公司、日本公司和国内软件企业在国内设立了研发中心和服务中心。与此同时,国家推行的两化(工业化和信息化)融合,企业、政府、教育机构对信息化办公、信息化管理的迫切需求,服务行业对信息化服务的需求以及依赖,使得计算机和软件行业的发展越来越快,也使得软件行业的市场需求量越来越大。因此,充分做好各类软件产品、实施好信息化系统将会带来长远的经济效益和社会效益。

2. 软件产品项目开发方向

软件行业的产品与市场上现有的同类产品相比,概念新颖、质量优秀、顺应时代潮流。软件的诞生将生活中凡是需要面对面实地进行处理的事物进行远程化、广泛化。对应快节奏的生活,软件产品极大地节省了人们的时间和精力,网民的增加使其更具有影响力。比如软件将广告的宣传形式变得新颖,使广告充分发挥其宣传作用,这对投放广告的商家非常有利,同时该软件能够被网站程序管理员灵活运用,对网站页面之间的切换和刷新起到很好的控制作用,不会出现广告滞后产品的状况。目前,市场上软件理念的应用非常广泛,毫不夸张地说软件行业已经极大地改变了生活,所以,只要有创新的点子,软件行业永远不缺市场。

在电子商务市场中,最著名的是为网店店主或者小型企业打造适合其自身发展规划的软件应用系统,这种系统功能针对性强,它能够为小型企业或者网店店主提供详细的商品季节性销售分析、利润分析等各种财务、业务、商品分析服务，同时能够为这些商家存储较为完整的客户信息，并充分利用这些数据，发掘出其中的商业价值。同时，该系统的可扩展性较好、操作简单、界面美观，而且价格便宜，很适合小型企业和网店店主使用，这种系统可以给人们带来极大的便利。由于该系统具有模块化、组件化的特点，因此可以方便地增加或者减少功能，灵活性较强，体现了软件开发的高内聚、低耦合的特征，极大地降低了后期扩展的成本和难度。该系统所面向的客户群体庞大，他们自身的发展空间也很大，因此，小型企业软件应用系统的市场潜力很大，是创新创业的方向之一。

近年来，人工智能软件产品异军突起，比如阿尔法狗、无人驾驶汽车、人脸识别等技术开始逐渐应用在生活当中，不出几年，软件行业必将再一次展现其魅力，这也是创新创业的契机，在大数据领域，创新的机会会更加广泛。

3. 软件创业的市场特征

目前，网络上存在着三个方面的价值：第一，网络深刻地改变着人们的生活方式和交流方式，消费者的时间不再全部属于电视、报纸、杂志媒体，影响主流消费群体的媒体主要是互联网；第二，受众价值越高，网络对他们的影响越大，网络覆盖了中国80%以上的富裕阶层和大学生，高居所有媒体榜首；第三，网络对品牌的各项指标，包括品牌好感度、预购率等有着相当大的提升作用，而不仅仅是曝光率。

相关研究表明，由我国的软件创业项目在不同媒体平台发展情况可知，近几年，我国各网络媒体都获得了不俗增长，其主要原因在于该行业对于客户的关系管理拥有极其科学的配置，可以概括为以下几个方面：

1）客户概况分析，包括客户的层次、风险、爱好、习惯等；

2）客户忠诚度分析，指客户对某个产品或商业机构的忠实程度、持久性、变动情况等；

3）客户利润分析，指不同客户所消费的产品的边缘利润、总利润额、净利润等；

4）客户性能分析，指不同客户所消费的产品按种类、渠道、销售地点等指标划分的销售额；

5）客户未来分析，包括客户数量、类别等情况的未来发展趋势，以及争取客户的手段等；

6）客户产品分析，包括产品设计、关联性、供应链等；

7）客户促销分析，包括广告、宣传等促销活动的管理。

目前，中小企业软件应用市场日趋成熟，而大型企业的软件应用市场已经饱和。中小企业用户的软件应用市场尚有创业的空间，中小企业软件市场的 CRM、销售自动化、订单管理领域有望在以后实现快速增长。这一市场的竞争将愈发激烈，越来越多的软件创业者开始倾向于为中小企业提供最佳配置的商业软件系统，国内外的软件应用提供商都看好中小企业软件应用市场，而众多拔尖的中小企业也纷纷表示要实施软件应用管理以提升企业竞争力。中小企业中将掀起软件应用热潮。这个热潮是时机成熟的必然结果，也是诸多因素共同驱使的必然结果。

市面上流行的小型系统仍然存在发展的空间，还可以对其继续改进，将其调整得更加灵活、简便、智能化，也许这是创新创业的突破点。现在的人工智能软件市场主要掌握在高知识群体手中，创业的难度是比较大的，但是并不意味着该市场就没有任何创业前景。想要创新创业，必须有创新的点子，目前很多网站已经不是单纯地需要对软件应用进行增删改查，数据量也开始逐渐增加，比如在淘宝网只要点击某个商品会立刻向用户推送其他商品，即使用户不点击鼠标也会捕捉到鼠标悬停这一行为，从而进行商品推送，这都是人工智能算法领域的应用，软件行业互相影响为创业者提供了更大的创业机会。

此外，软件在各个领域的应用广泛，信息化的交流、办公、生产等都要用到软件。因此，软件项目在最近几年数量倍增，政府机构、公司、私人的企业等都大量地需要应用软件为其管理和办公作支撑。按照国家规范和行业标准承接好这些项目将会给创业者带来不错的收益，而在购买决策中，客户需求起很重要的作用，很多公司和机构都会根据自身发展决策购买相关软件或者根据自身要求设计相应的软件产品。

4. 软件与市场的融合，软件市场分析

2008年的金融风暴虽然影响了全球的软件行业，导致很多大型的IT服务提供商受到损失，如微软、Oracle等大型IT巨头都不同程度地裁员或者延缓它们的开发。但在近几年的中国，市场对软件的需求量仍然很大，而且还在继续扩大。越来越多的企业、公司和政府部门开始实施信息化管理和信息化办公。这些项目数量众多，当前的软件开发商无法满足市场的需求，因此，各个软件开发商都开始增强自己的团队，更多的软件公司也相继诞生。深圳瑞斯特朗科技有限公司有着规范的开发团队、良好的人际关系网络和较宽的业务渠道，能够承接各类中小型项目，也能够参与合作开发各类大型项目（如电信、金融等项目），在这样的市场中逐步拓展出自己的一片空间。现有的主流网络购物平台有京东、天猫、淘宝，各网络购物平台的每日交易数量多、次数频繁。网店店主以个人、小实体店商铺居多，他们是瑞斯特朗公司软件应用产品需求量最大的客户，也是瑞斯特朗公司的重要客户，在全部客户中的比例约为70%；其余市场为一些拥有较好基础的大网购卖家、商品提供商等所占有，这些客户也更容易从瑞斯特朗公司的产品中获益。

新时代背景下，为寻求高质量、高效率发展，各个产业都在探索新模式，许多传统产业纷纷开始走向创新之路。例如，广东省服装产业近年来依靠"互联网+"和"大众定制"等新商业模式，再次迎来发展机遇，2015年出口服装类产品近400亿美元，占到全国的五分之一。广东服装电子商务成长迅速，一些"淘品牌"在短短几年中打开知名度，与此同时，传统服装企业也开始拓展网络销售渠道。特别是随着个性化、多样化消费渐成主流，大众定制开始萌芽，与之配套的智能制造也进入了服装企业，个性化设计与设计师品牌在广东蓬勃兴起，并借助互联网进一步吸引年轻消费群体。

又如教育行业,以华为提出的"普惠教育"及智慧教室解决方案为例,它昭示着教育行业也开始寻求转变,连接物联网、互联网、人工智能等技术,向"智慧教育"迈进。从老师和学生的角度来看,该方案能使老师的课堂教学更轻松、更有趣,更能让学生融入学习中,可大幅提高教学效果和效率。从学校的角度来看,可以利用华为办公宝协作平板以及华为强大的智慧大脑"微云"实现教务一站式便捷管理,将老师和学生的情况采集并存储下来,进行全方位分析,从而有针对性地制定学校管理方案,并根据每位老师和每个班级的情况合理地调整教学模式,这样做的实际意义,不只是提升学校管理效率,也有助于学校整体教学质量的提升。智慧教室能带给教育系统的转变远不止这些,它能帮助学校打造OMO教学环境,突破传统教室的时空限制;还能打造远程互动课堂,让各个学校都能公平地享有优质教学资源;也能帮助学校对各地分校进行统一管理;等等。总之,无论从哪方面来说,智慧教室一套完整的系统解决方案都对教育的长远发展有很大助益。

5. 软件创业公司的战略

在我国新兴的计算机软件与服务提供商中,创业者可以将打造的公司与一批有国内外优秀的软件服务需求商、提供商,以及许多有远见的营销机构、投资者合作,努力发掘并培育本土软件研发资源。随着我国乃至国际社会的发展和文明的进步,互联网的力量将成为世界的一种主导力量。创业者所打造的公司也将伴随着这一力量成长,努力有所发现、有所传播、有所贡献。创业公司应当拥有优秀的开发团队和管理人员,具备一定的科研能力,有能力自行研发新型软件;同时,创业公司也应该拥有一定的业务网络,能够承接各类外包项目,并在较短的时间内提供高质量的软件。那么针对短期的目标,接下来三年的计划安排可以总结为以下几点:

1)完成预先的市场宣传和产品注册,构建销售网络;

2)承接一些外包项目来为公司积累资本;

3)完成公司门户网站的建设;

4）完成核心产品的研发、测试、发布，预先签订购买协议；

5）资金到位，及时更新产品，研发后续产品。

公司的长期目标肯定不会局限于刚刚所提到的那几点，利用公司核心产品的优势所带来的丰厚收益，研究新技术，比如开发新的中间件等，拓宽公司的经营范围，开辟新的市场，成为大型的软件供应商，公司将以高科技参与国际竞争，适时进入相应的国际市场。例如小米公司，小米看到了中国智能手机即将崛起的市场大趋势，用发烧级的定位、高性价比的产品，迅速积累了大量粉丝。

纵向延伸：立足软件领域，进一步完善和拓展软件开发和大型公司软件应用系统；开发新型软件产品视频管理系统类；实现集网络社区、网络商店、网络软件以及即时视频管理系统于一体的大型商户网站。例如，京东商城、拼多多、阿里巴巴等，都是在技术的优势上构建了大型商业平台。

横向延伸：广告宣传、二维码产品；开发网络游戏等，也可以涉及其他产业。例如，腾讯联盟广告是基于腾讯联盟生态体系，依托广点通技术，在腾讯联盟流量上展示的广告。它汇聚了超过10万个优质的App，Hero App占比达到75%，月覆盖用户达到5亿人次。它是软件行业横向延伸的一个非常成功的创业案例。它依据技术优势实现了精准投放、体验优化及作弊识别。广告展示类型包括原生广告、开屏广告、插屏广告、横幅广告等诸多形式。

6. 需要面对的机遇与风险

近年来，广东省在创新驱动发展的战略背景下，致力于培育和完善创新创业环境。首先，积极打造"前孵化器—孵化器—加速器—科技园区"的完整孵化链条，加大孵化器的建设力度，以此为平台推进"大众创业、万众创新"。至2019年年底，广东省已拥有孵化器1013家，其中约有1%的企业已上市，毕业企业总收入超过3000亿元。其次，引进大量创新科研团队及科技领军人才。最后，政策资金的大力支持。

国家对技术创新的鼓励政策相继出台，这使得外部政策环境相对宽松；国家重视中小型高科技企业以及对大学生创业扶持力度加大，给予了公司广阔的生产环境；投资环境适合 IT 产业的发展；我国已经加入 WTO，进入国外市场更具优势。

创业者也必须防止可能出现的风险并要采取一定的措施提高公司的业绩和效率。例如，熟悉该行业的法律法规；及时抢占市场，提高产品的防盗版性；以 CMM3 级标准为要求，规范企业开发产品的流程；加强与其他 IT 企业的合作与交流；认真分析客户群体，针对客户特点，建立个性化的销售网络；加强对企业理念和企业文化的学习，形成良好的工作氛围；建立及时有效的信息反馈渠道，随时了解市场动态。

6.3 终身学习，永不止步

谈到现在社会的各行各业，用竞争激烈来形容再合适不过了，因为在现在的社会背景下，若是不努力，被淘汰是很正常的事情，所以要保持住自身的地位以及市场价值，保持不断学习的态度是取得成功的必备条件之一，而对于当下比较热门的软件行业是同样的道理，因为这个行业的出现并没有持续很长时间，所以现在很多东西都是崭新的，很多旧的东西都在不断地被淘汰，也有很多最新的东西脱颖而出，这些软件行业公司为了自己内部能保持足够的竞争力在人才的引进上下足了功夫，因为这些人才的学习能力很强，为了应对不断变化的市场环境，他们能够十分准确地找到需要学习和开发的方向，进而使自己在潮流中奋勇而上。

众所周知，创新是引领各大软件行业前进的最主要因素，所谓创新是根，努力是本，只有不断地创新才能使自己的根基更加牢固，也只有创新才能使自己在同行之间立于不败之地，然而创新的前提又是什么呢？很明显，只有不断地学习同行的缺点与优势，然后对其进行细致的分析，再给出合理的解决方案，这就完成了创新的前奏，因为只有对这个行业的利弊有了充分的认识，才能确定创新的方向，进而完成自己品牌的升级改造之路。下面就以企业如何在自身发展的过程中完成学习、发展及创新进行分析。

第一，树立强烈的竞争意识，强化学习的动力。很多同行之所以没有坚持下来，其根本的原因就是竞争意识不够强，对于学习的动力总是若隐若现，在面对危机时才会保持学习的态度，但是这种学习的劲头往往效率特别低，因为是带着应付性的目标去学习，目的也只是为了克服短时间的困难而已，但在企业风平浪静的时候，过多地满足于现有的运营状况会让整个企业的状态呈现低下的表现，待到最后一根压死骆驼的稻草来临之时，人们会发现他们连爬起来的勇气都没有，所以终身学习的态度不是一句口号，需要持之以恒地带着危机感与目的性去学习，这样才能学到真本领、真功夫。

第二，统筹科学的学习计划，不能心浮气躁，更不能进行没有条理的学习。软件开发是一件极具挑战的事情，因为人们在进行研发的过程中并不知道实现的软件能够达到怎样的高度，也不知道这种软件的实际市场价值会是怎样，但要记住的是，这件事一旦定下来就要从头到尾一步一个脚印地去完成，不能为了加快进度而随意忽略一些自己认为不必要的环节，这是十分愚蠢的行为，因为人们忽略的往往就是核心所在，因为在软件开发的过程中用到的模块太多，这是需要大量的代码才能构建起来的，所以说每一个企业的高端人才都不能对此粗心大意，只有扎实的学习理论功底才能实现应用组件在配置的过程中不会出现错误。

第三，学以致用，要不断地将自己的学习与实际的工作相结合。大家都知道学习的目的不仅在于你在不断地掌握新知识，更重要的是你在学习的过程中不断地将学习的这些新知识应用到实际的项目上去，毕竟学习的知识只有应用到生产力上才能实现其实际的价值，这就需要每一位研发人员在学习的过程中将自己研发的新型平台技术进行一定程度的实践从而构建出逻辑清晰、效率较高的整套技术，并且在这个过程中还要尽可能地挖掘组件的实用性能以及开发环境在形成的过程中的可视化表现，这样不仅可提高效率，对于开发人员本身来说也是一件十分欣慰的事情，所以说通过上述例子，大家也可以十分清楚地知道学以致用的内涵到底是多么的重要。

科技的发展在于创新，软件行业也不例外，只有将自己的大脑充分地调动起来，保持旺盛的学习热情与正确的学习态度和科学的方法，才能使自己在软件开发的核心技术模块中立于不败之地，甚至完全有机会实现弯道超车。

随着移动互联网、云计算、大数据等新一代信息技术与各行业的深度融合，近年来，广州一大批传统制造企业通过加大服务投入，延伸和提升价值链，实现了从生产型制造向服务型制造的转变，成为新兴服务业态。如"互联网+家具定制"模式中，多家企业应用信息通信技术开展定制化服务，增强个性设计和柔性制造能力，形成对消费需求具有动态感知能力的设计、制造和服务新模式[5]。

随着人工智能技术的发展，一大批无人便利店进驻广州市场，店内没有服务员，消费者刷脸就开门，消费者可以自己拿着商品到相应区域自助扫码结账，给市民带来极大的新鲜感。如传统的干洗行业，过去，把衣服交给洗衣店之后，怎么洗，消费者全靠想象。如今广州本土企业——天天洗衣通过自主研发的世界第一个可视化系统，让消费者可以直接通过手机终端追踪送洗衣物的重要洗涤过程。通过为送洗衣物配备的专属芯片，消费者可以通过手机App或者电脑终端观看到衣服洗涤的过程，实时观察衣物的状态和动向。

再如人们每天必经历的买菜，也诞生了一系列新的服务模式，盒马鲜生、钱大妈等品牌已经形成了线上线下一体化模式，并且支持跨门店地区预约调运，这是新技术支持前提下的新运营模式，极大地满足了消费者的现实需求。

再到传统的金融行业，例如银行的服务，也有着体贴的转变。过去，办理一项简单的事务，从取号到办妥往往需要耗费一个小时。如今，通过银行各种自助设备便可自行办理存款、取款、转账、活期转定期、购买理财和基金、自助缴费、自助签约、补登存折、打印交易明细以及修改密码等业务。

交通出行方面，比如过去乘坐地铁只能刷卡或投币过闸，到如今手机扫码过闸，再到即将推广的刷脸过闸；羊城通充值从过去的人工窗口，到后来的"飞充"，再到现在的自助充值。

数字化、信息化的转变，使人们的出行体验大大提升。可以说新模式离不开新技术、新业态，三者相辅相成法，共同促进了未来创业新天地的发展。

6.4 以技术为核心，创新无止境

随着 21 世纪的到来，计算机软件得到了前所未有的发展，影响了人们生活的各个角落，软件从过去学术的领域正在越来越走向实际，它已成为世界的重要的组成部分。例如，大家手上拿的手机、兜里揣的数码照相机、乘坐的汽车、家里用的变频冰箱、医院做的 CT 检查等，这些都要靠大量的软件支撑才能使用。现在软件已成为一个产业，那么目前我国软件行业的现状和发展趋势如何呢？

1. 软件行业的现状分析

相关数据显示，2014 年之前，我国软件业务总收入每年增速均在 20% 以上，2015～2016 年开始有所下滑，下滑至 13% 左右，但是从 2017 年下半年开始整个行业的增速有所回暖，逐步提升至 14% 左右。2019 年，我国软件业收入和利润均保持较快增长，累计完成软件业务收入 71 768 亿元，同比增长 15.4%；2020 年 1 月至 11 月，我国软件业完成软件业务收入 73 142 亿元，同比增长 12.5%。未来软件业总体发展将继续向好，并步入高质量发展的新航道[6]。整体来看，有全行业开始增速逐步回暖的趋势，在这种背景下，对于软件行业的梳理就显得尤为重要。

企业自主创新能力低，核心技术相对缺乏。目前，我国软件产业在全球软件产业链中基本处于中下游环节，缺乏核心技术，特别是系统、平台等基础软件的开发能力缺乏技术的积累，企业加大研发投入、推进技术创新的意识有待加强。同时，促进软件创新的管理机制和体制仍不够完善，向企业研发倾斜的财政扶持体系尚未完全形成。

自2009年以来，在北京、深圳、武汉、杭州、西安、成都、苏州等创新创业氛围较为活跃的地区涌现出创新工场、车库咖啡、创客空间、天使汇、亚杰商会、联想之星、创业家等近百家新型孵化器。这些新型孵化器各具特色，产生了新模式、新机制、新服务、新文化，集聚融合各种创新创业要素，营造了良好的创新创业氛围，尽管当前我国创新创业环境日新月异，创新创业生态体系正在不断完善和优化，但是，大众创新创业也面临着一些问题。具体表现是创业基础设施建设相对落后，场地、服务等创新创业成本较高；创业融资渠道不畅，天使投资、股权众筹的发展滞后于创新创业浪潮；政府资金对大众创业者难以做到雪中送炭，初创创业大多处于市场失灵的真空地带；创新创业区域发展不平衡，全社会对大众创新创业的认识还有待提高。

2. 制约软件行业创新的因素

我国软件产业多年未能发展起来，是因为制约的瓶颈很多。在新形势下，政府为了推进企业管理信息化建设，先后在政策上做出了相应的规定。软件业同样关注新形势下的发展中存在的问题，他们针对入世，国外经济发展速度放慢，国内经济持续、稳定增长的现实情况，研究企业如何提升核心竞争力。[7]

（1）核心技术力量薄弱，技术创新能力相对较低

软件行业最重要的一个核心制约因素是我国软件技术力量相对国外发展来说起步较晚，虽然起点很高，但是在技术力量上受硬件和芯片的影响较大，总体上核心技术力量显得薄弱，整体技术创新能力较低，这严重制约了我国软件行业发展的空间。

(2) 需要进一步完善软件人才队伍

目前，软件企业不仅需要开发人员和管理人员，还需要分析人员和编程人员。有的学者认为，印度的软件企业中开发人员、管理人员、分析人员、编程人员自上而下形成了一个合理的金字塔，而我国的这个金字塔变了形，即缺少金字塔的上下两端——管理人员和编程人员。软件人才结构的不合理，与印度相比形成鲜明的对照。人才、技术是决定企业在激烈变化的市场经济状态下，企业软件产品能否适应条件的变化、能否占领市场的最主要因素。习近平总书记在2018年7月13日主持召开中央财经委员会第二次会议并发表重要讲话，他强调，关键核心技术是国之重器，对推动我国经济高质量发展，保障国家安全都具有十分重要的意义，必须切实提高我国关键核心技术创新能力，把科技发展主动权牢牢掌握在自己手里，为我国发展提供有力科技保障。[8]

(3) 资金匮乏成为发展软件业的重要障碍

软件产业发展终受到资金不足的约束，虽然近几年国家通过鼓励上市融资的软件企业不少，但是对全国而言仍是杯水车薪，更多的企业还是要依赖更多的资金渠道，急需政府和民间的产业资本和融资渠道。目前，国内北上广深几个大城市的金融资本和科技产业的结合上有较大的发展空间和较强的政策优势，比如鼓励创投、风险投资政策优惠等，其他城市的发展长期停滞不前。主要原因是：第一，软件产业的产业结构规模化效应不足；第二，软件企业发展的市场化效应不足；第三，软件企业的社会影响力低，不能满足资本短期逐利的需求；第四，软件企业发展的不确定性，影响了风险资金的长期回报。

(4) 软件企业产品及服务必须跟上时代发展

与任何企业一样，软件企业除了拥有产品和产品更新换代外，还需要拥有强大的、全方位的服务体系，才能将软件产品和服务及其他功能组合形成一个有机整体，也才能保证软件企业的发展和时代同步，产品才具有市场竞争力和品牌影响力。

(5) 政府政策支持力度有待进一步增强

2020年8月，国务院发布了《新时期促进集成电路产业和软件产业高质量发展若干政策》的通知，强调了软件产业是信息产业的核心，是引领新一轮科技革命和产业变革的关键力量。为进一步优化软件产业的发展环境，深化产业国际合作，提升产业创新能力和质量，国务院制定了若干扶持软件企业的相关政策。当前国内自主工业软件发展现状可以概括为"管理软件强，工程软件弱；低端软件多，高端软件少"。数据显示，2018年，我国工业软件市场上真正把握生产命脉的研发设计软件和生产控制类软件自主率只占比13.5%和13.36%。对此，国家对软件产业进行了大力支持。但是，世界各国政府对软件业的支持力度都比较大，而且还有地方政府的支持，总体来说比我国对软件业的支持力度要大很多。我国是制造大国，制造业在全球占比约50%，吸纳超过1.5亿的就业人口，但工业软件发展和应用水平相对较低，因此提高政府的支持力度、提升我国的软件发展水平刻不容缓。

3. 大胆创新、理性创业中需要解决的问题的对策

（1）资金短缺的问题

软件业的发展的链条主要体现为"做企业—融资—上市回报"，上市也成为软件企业融资的最佳理由。软件企业上市能为企业的发展注入新鲜的血液，使投资者看到胜利的曙光。但是受世界经济发展的放慢、国有股减持等因素的影响，各种股票价格相继下降，个股市价有的已跌破发行价，软件企业上市也受到冲击，由此使得刚刚看的曙光又暗淡下来。

综合治理，全方位向软件业注入资金，推动其向良性发展。软件业先天不足是因为规模小、软件开发期长、投入大、市场又不成熟，由此就需要国家政府给予政策方面的支持，通过政策将民间资金、风险资金、产业投资引入软件业，通过多种优惠政策吸引各种社会资金有效地注入软件企业，如税收优惠等。同时软件企业也面临重组的问题。我国软件业为提升核心竞争力有必要进行重新整合，其目的在于将软件业的产品、服务及相

关功能推上新的台阶，建立强大的核心竞争力，主要体现在管理、技术、营销、服务咨询方面的全面提升。

（2）人力资源、技术创新的问题

人力资源与技术是企业的生命线。培养企业核心竞争力是一项复杂的系统工程，因此，工作的切入点必须从对企业基本竞争优势的创建以及核心竞争力各要素的打造入手，对企业来讲要特别注重加强以下几个方面的工作。

培养技术创新能力，提高企业核心技术能力，企业领导者首先转变对科技进步的认识，把推进企业科技进步、核心技术能力的培育当作头等大事来抓，加大科技开发资金的投入，调动工程技术人员的积极性和创造性，同时要积极引进科技人才、培养人才，为科技创新储备人才。

由于主要的软件公司，比如 Microsoft、Borland、Sun、Oracle、IBM 等公司，越来越重视软件的简单易用，人们所用的操作系统、Office 以及各种开发工具在这些知名软件公司的不断升级与完善下，将变得越来越简单，很多底层技术部分都被它们封装起来，在提高工作效率的同时功能也变得越来越傻瓜，以前一个非常复杂的功能现在可能只需要几行简单的代码就能实现，人们也越来越依赖于这些软件工具，开发人员慢慢成为软件行业崛起的一大决定性因素所在，因此在日后的人才培养计划中需要更加理性地进行专业的选拔以及训练，这才是突破壁垒的关键所在。

（3）产品、产品结构及服务的问题

目前，国内软件行业均看好企业级软件，这是软件业发展的第一个方向。主要有两个方面的影响：一是因为受盗版冲击的个人软件很难争得市场，而企业级软件由于服务配套，受盗版的冲击不大，能够得到良性发展；二是国内只有这方面才具备与国际大企业的竞争能力，因为中国的软件行业更了解中国的情况和中国企业的需求，能够研究出更适合需要的产品，在与国际厂商竞争时拥有以下三个方面的优势。

第一是产品的本地化优势，管理软件与其他软件不同，它与所在地的管理体制、文化甚至人的习惯都有密切的关系，这一点国内厂商比国际厂商更有优势，国外厂商针对全球化做产品，不会完全或不能针对中国的市场（甚至某地区）做产品的研究开发。第二是服务的本地化，软件业发展的几十年来，已经建立了相当规模的服务网络。如用友公司用了十年时间已经把网络的服务网点从发达地区建到镇一级，国外厂商从成本效益的角度考虑很难在短时间内得到如此结果。第三是技术的后发优势，技术是决定软件企业成功与否的关键因素，后来企业只有另辟蹊径才能在技术上占有优势，通过竞争达到技术垄断才能够得到市场的青睐。国内软件企业技术上的后发优势体现在管理软件上，现在全球一体化，尤其网络技术的迅猛发展，使信息技术的应用没有了地域上的差异。不会像以前那样，一项新的技术首先出现在发达国家，然后到达发展中国家，最后到达不发达国家，这个时间差距没有了。除此之外，国内软件企业针对中国市场、客户，产品和服务的价格跟国际厂商比较也具有竞争力，成本比国外企业低得多，价格上有竞争优势。

（4）政府加大扶持是软件企业面对机遇与挑战的市场胜出的关键要素

政府为解决融资困难而出台的文件，只能为解决融资问题提供一条渠道，只能为极少数企业解决资金问题，并不能从根本上解决软件产业的资金短缺问题。除此之外，政府还应在企业税收方面给予关照。通过制订中小企业法或高新企业法全方位对软件企业给予必要的支持。国外在这方面有很大的作为，大家不妨多参考其做法为中国的软件企业提供一个发展和腾飞的平台。

（5）软硬结合更加紧密

在嵌入式系统、无线通信设备、家用电器中，软件与硬件的结合将更加紧密，可以想象，未来家里的冰箱、洗衣机、电饭锅、微波炉等将越来越自动化，也越来越容易被控制，人们将可以在任何时间、任何地点通过任何设备来获取这些电器的状态以及操作这些电器，这些都是软硬件紧密结合的结果。

硬件依靠软件，可使硬件的作用得到充分发挥并且使硬件更容易使用和控制；软件依靠硬件，才有了发挥作用的空间和载体，才能体现软件自身的价值。2006 年 Windows Vista 操作系统的上市就是一个最好的例子，Vista 对硬件配置的最低要求（仅内存就需最少 512MB）无疑让 Intel、Samsung、LG 等 CPU 和内存生产商笑逐颜开，而离开了硬件厂商在技术和生产上的支持，Vista 也根本无法上市。

（6）形成具有特色的创新体系

软件行业创新的一大壁垒就在于没有专业的创新体系，这也是近些年来其发展受到阻碍的一大原因所在，形成技术创新体系，包括：学研机构牵头，与企业密切合作，形成不同层次的软件技术联盟，解决基础性、共性、关键性软件技术；大企业牵头，中小企业和相关学研机构参与，创立企业研究院，研究工程化、市场化、应用技术。

（7）软件产业向其他产业加速渗透

目前，智能化已成为电子信息产品、机电产品及自动检测设备的主要发展方向。软件作为这一技术和过程的核心，能促进传统产品的升级换代，孕育出新产品。软件的产品形态日趋多样化，从而使软件产业的发展空间大大扩展。

总之，我国软件企业的发展遇到了前所未有的机遇与挑战。大家必须清醒地认识到软件行业目前的水平以及所处的现状，然后找到其在全球 IT 产业链中的位置，制定长远并且务实的国际化目标，尽快提高我国软件业在国际市场上的竞争力。

要形成鼓励创新、宽容失败的良好环境，推进大众创业、万众创新，还要通过加强全社会以创新为核心的创业教育，弘扬"敢为人先、追求创新、百折不挠"的创业精神，厚植创新文化，不断增强创业创新意识，使创新创业成为全社会共同的价值追求和行为习惯。

培育创新创业的文化土壤，要营造公平、简政、诚信的环境。用公平遏制、减少创业者谋取各种不正当收益的机会，实现创业者机会均等；政府部门切实转变职能,简政放权,改掉阻挠创业的体制和弊端;建立信息公开机制,加快完善信用立法和执法,促进信用中介服务行业的市场化发展,通过宣传教育,宣传讲诚信的典型,曝光不讲诚信的"黑名单",进一步强化市场主体的现代诚信观念。创业创新文化的建设并非一朝一夕之事,也不是几个文件、几次会议就能建立起来的,应当创新体制机制,使创新创业文化建设制度化、规范化,在全社会形成尊重创造、注重开放、敢冒风险、宽容失败的创业氛围,让一切创新创业成果得到应有的保护和回报,让所有创新创业活动享有公平竞争的环境,让勇于创新创业成为一种品格、一种风尚。[9]

参考文献

[1] 时炼波,张俐华.论精准营销的内涵与实施策略[J].企业经济,2009.

[2] 中华人民共和国商务部.阿里巴巴:打造电子商务服务生态体系[A/OL].http://dzsws.mofcom.gov.cn/anli/detal_21.html.

[3] 刘艺,邓青,彭雨苏.大数据时代数据主权与隐私保护面临的安全挑战[J].管理现代化,2019,39(1):110-113.

[4] 广东省人民政府.广东省人民政府关于印发《广东省国民经济和社会发展第十四个五年规划和2035年远景目标纲要》的通知:粤府[2021] 28号[A/OL]. http://www.gd.gov.cn/zwgk/wjk/qbwj/yf/content/post_3268751.html.

[5] 李焕坤,甘韵仪,刘云.现代服务业带动老城出新彩,渐成广州经济新引擎[EB/OL].[2019-01-16].https://www.jiemian.com/article/2798752.html.

[6] 华经市场研究中心.聚焦丨2020年1—11月,我国软件业完成软件业务收入73142亿元,同比增长12.5%[EB/OL].[2021-05-12].https://www.sohu.com/a/465909826_372052.

[7] 李长青.我国软件产业发展瓶颈及战略突破[J].商业时代,2004(12):63-64.

[8] 本刊综合报道.习近平:提高关键核心技术创新能力为我国发展提供有力科技保障[J].中国科技产业,2018(7):8. DOI:10.16277/j.cnki-cn11-2502/n.2018.07.002.

[9] 中国日报中文网.培育创业创新的文化土壤[EB/OL].[2015-08-14].http://covid-19.chinadaily.com.cn/hqpl/zggc/2015-08-14/content_14105485.html.

习题

1. 简要列出大数据背景下电商企业的创新创业具有的新特点及亟待解决的问题。
2. 软件行业对于客户关系管理主要包含哪些方面的内容?
3. 制约软件行业创新的因素有哪些?
4. 简述大胆创新、理性创业中需要解决的问题及其对策。

思考题

1. 在阅读本书前,你对创新创业的认识是怎样的?是否想过创业?
2. 阅读本书后,你对创新创业的认知是否有变化?是否仍然希望创业?

推荐阅读

创业管理（第5版）

作者：张玉利 薛红志 陈寒松 李华晶 编著　ISBN：978-7-111-65769-9　定价：49.00元

本书获得首届全国教材建设奖一等奖，是"十二五"普通高等教育本科国家级规划教材。全书以创业过程为主线，同时注意强化关键要素，将创业的关键要素和创业过程紧密结合起来，进一步强化了"观念、知识、技能和行动"这一框架。除了理论更新调整外，新版对引例、调查研究、创业聚焦、行动指南、延伸阅读、专栏等内容也做了大量的更新。在修订时以创业过程为主。本书可以作为高等学校的创业基础课教材，也可供MBA学员学习使用，还可作为希望了解创业知识的社会在职人员的参考读物。

创新创业基础

作者：刘志阳 林嵩 路江涌 主编　ISBN：978-7-111-67050-6　定价：45.00元

本书是由上海财经大学、中央财经大学和北京大学等高校联合打造，基于数智时代背景，从创新创业基础理论、思维和能力三个层面展开，不仅涵盖了创业基础、创新基础、创业者、精益创业、创业机会、可行性分析、商业模式、创业团队、创业融资、企业创建与成长等核心内容，还融入了社会创业等新近内容。针对创业项目选择、创业团队组建、创业计划编写、创业融资、新创企业管理等初创团队可能遇到的问题，本书提供了系统知识和相关解决方案。全书还涵盖了行业前沿和初创实践等大量案例，设计了行动学习、思维训练和延伸阅读等配套内容，可以帮助读者高效拓展创业知识和提升创新创业能力。

理解创业：情境、思维与行动

作者：张玉利 张敬伟 等著　ISBN：978-7-111-68247-9　定价：59.00元

本书以创业认知学派的基本理论逻辑为指引，采用"创业情境-创业思维-创业行动"的理论框架，对上述三个议题进行了解读和阐述，形成了"创业情境""创业思维""创业行动"三个主题的原创文章集萃。本书希望通过解析创业情境，进而剖析创业思维的独特性以及多样化的创业行动类型，揭示创业行动背后的认知机制与情境诱因，有助于丰富和发展创业学者、教育者和实践者对于创业的理解。

推荐阅读

创新创业实战教程

作者：丁斌 著　ISBN：978-7-111-67398-9　定价：39.00元

本书紧紧围绕产品和服务创业这一关键内容，按照产品与服务创意、外部调查、产品开发、商业模式与营销规划、运营系统设计、创业团队与股权设计、项目评估与融资、创业项目实施这八大创业步骤展开，介绍创业的基本知识、管理理论和实战训练活动。本书通过实例指导读者投身实践，逐步实现创业目标，进而让读者在掌握相应知识的同时提升自身的能力。此外，本书还配有MOOC课程（www.ehuixue.cn），可供读者进一步学习。本书适合作为高等院校创新创业基础课程教材，也可供创业者、创业孵化机构工作人员阅读和参考。

人工智能与创新创业十讲

作者：李华晶 编著　ISBN：978-7-111-69068-9　定价：49.00元

本书以人工智能创新创业为主题，通过十讲内容呈现人工智能创新创业的基础知识、实践探索和问题反思。本书的特色主要体现在：融合人工智能技术与人文智慧思想，联动创业管理思维与技术创新行动，设计人工智能创新创业的知识体系，打通人工智能创新创业的节点问题，撷取人工智能创业的典型案例素材，共创技术创新时代的创业教育未来。本书旨在让人工智能为创新创业赋能，让创新创业为人工智能增智，通过前沿知识体系和创新教学方法，为培养高质量人工智能创新创业人才服务。

商业计划书案例：从创新创业大赛到创业实战

作者：邓立治,邓张升,唐雨歆 编著　ISBN：978-7-111-69399-4　定价：59.00元

本商业计划书案例集具有三个特色：①行业门类齐全，提供了一份制造业、一份服务业和两份公益创业案例，基本能够满足大部分创业者和参加创新创业大赛大学生的需求；②提供的案例都经过实战和竞赛考验，都来自真实创业企业，并且都获得过"互联网+"和"挑战杯"创新创业大赛的全国金银奖；③提供了案例的创业背景、创业故事、创业者反思和创业导师点评，有助于学习者理解商业计划书的核心内容，还能为初创企业者进行真实创业指明方向。

本书可以作为普通高等学校创新创业教育课程案例教学参考书，也非常适合参加中国国际"互联网+"大学生创新创业大赛和"挑战杯"中国大学生创业计划竞赛的大学生学习和参考。同时，本书还可以为创业者和对创新创业感兴趣的企业管理人员提供案例借鉴。